LES 100 HISTOIRES DE LÉGENDE DU RUGBY

GÉRARD HOLTZ
JULIEN HOLTZ

LES 100 HISTOIRES DE LÉGENDE DU RUGBY

Gründ

SOMMAIRE

2/ VESTIAIRES 47

3/ LES QUATRE CENTS COUPS 91

NIKE

HISTOIRES DE FAMILLE

Même ceux qui n'ont pas une passion pour le ballon ovale sont obligés de le reconnaître : le rugby est un grand sport à histoires et, surtout, une vraie famille.

De l'ambiance si particulière du vestiaire, avec ses parfums de crème chauffante, ses cliquetis de crampons sur le sol, ses cris, ses larmes, ses silences, aux troisièmes mi-temps mémorables où les farouches guerriers de l'après-midi se retrouvent, tous ensemble, pour boire, chanter, s'embrasser, fêter les victoires et les échecs, parler de leur bravoure et comparer leurs cicatrices en souriant... Sans oublier, évidemment, les matchs, des plus amicaux aux plus virils, où il se passe toujours quelque chose.

De la naissance de ce sport, dans la ville de Rugby, à la fabrication du premier ballon, des premières mêlées aux premiers exploits, des premières rencontres internationales aux premiers grands voyages pour rejoindre les cousins de l'Ovalie du bout du monde, l'arbre généalogique se révèle plus que fourni en personnalités, en caractères et en personnages hors du commun. William Webb Ellis, Jonah Lomu, Yves du Manoir, Lucien Mias, Jean Gachassin, Thierry Dusautoir, Jean-Pierre Rives, Dan Carter : le temps ne change rien à l'affaire, ils sont restés frères de combat, s'offrant ce ballon ovale pour le plaisir de partager une solidarité intense et joyeuse, un véritable don de soi.

En rugby, plus que dans tout autre sport, on se bat et on se respecte. Le plus bel exemple : la rentrée aux vestiaires, lorsque l'on applaudit les adversaires pour les féliciter d'avoir été braves sur le pré ! Une histoire de famille dans laquelle il ne faut pas oublier les conteurs (il y en a toujours parmi les cousins et les oncles), capables de transmettre la bonne parole, les souvenirs cocasses, les petites embrouilles et les grands exploits de la famille de l'Ovalie : Garcia, Lacouture, Viard, Lalanne, Gex, Cormier, Escot, Bonnot, Rivière, Rey, Montaignac ou Verdier, du « *Midol* »... Chacun, avec style et passion, a joué talentueusement avec les mots pour nous parler du « jeu ».

Antoine Blondin a bien raison d'écrire, dans la préface de *La Fabuleuse Histoire du rugby* : « Ce panache, qui évoque directement Henri IV et débouche sur Cyrano de Bergerac, cet art de la réussite consacrant l'abnégation dans l'amitié, c'est tout le bonheur d'un jeu où l'individu se complète à travers autrui. »

GÉRARD ET JULIEN HOLTZ

RUGBY
1999

1 XV MAJEUR

1927
XV de France

Les coqs dévorent la rose

2 avril 1927, Colombes : première victoire française face à l'Angleterre.

« Événement historique », titre en avril 1927 *Le Monde illustré* : première victoire française face aux Anglais dans le Tournoi des Cinq Nations... Après quatorze défaites de rang, le XV de France se préparait pourtant à recevoir cette année-là la fameuse « cuillère de bois » (objet symbolique attribué au dernier de l'épreuve). Battus à Édimbourg par l'Écosse (23-6), les Bleus avaient enchaîné avec un nouvel échec (25-7) face aux Gallois à Swansea... Des Bleus de plus en plus pâles !

Le 2 avril, à Colombes, réaction d'orgueil des Gaulois face à l'Angleterre : 35 000 spectateurs vont vivre un match exceptionnel d'intensité. Chacun y va de ses encouragements. Dans le journal *L'Auto*, Louis-Henry Destel écrit : « Pour l'ultime combat, bouquet de notre race, équipe sans lauriers, dont l'histoire est en deuil, forge ton cœur, muscle tes yeux, brise le seuil des vieux rêves, botte le sort, lève la face... » Plus pragmatiques, les sélectionneurs ont changé la moitié de l'équipe par rapport aux matchs précédents.

Et le miracle se produit : les avants français résistent aux Anglais, et les trois-quarts multiplient des attaques qui mettent à mal la défense du XV de la Rose. Résultat final : France, 3 ; Angleterre, 0.

Dans les lignes arrière de l'équipe de France, deux Basques vont se distinguer plus particulièrement. Ils seront d'ailleurs portés tous les deux en triomphe par la foule qui envahit la pelouse à la fin du match.

L'homme au béret, d'abord : André Béhotéguy, inlassable attaquant déstabilisant sans cesse les adversaires par ses courses et ses passes. Béret pour la photo, mais béret aussi pendant le match. Basque, donc, de la tête aux pieds ! Comme son ami Adolphe Jauréguy, vaillant capitaine du XV de France et sans aucun doute le meilleur ailier du monde en ces années 1920. Il commenta ainsi cette victoire historique : « Enfin, j'ai vu le dompteur dévoré. Maintenant, qu'importe, nous avons donné la mesure de notre valeur ! »

1955
Jean Prat

26 mars 1955, Colombes :
Jean Prat est porté en triomphe
par ses adversaires gallois.

Mister Rugby

Imaginez-vous Zinédine Zidane, battu en finale de la Coupe du monde 2006, mais porté en triomphe par les joueurs italiens ? Impossible ! Ou Tony Parker et les basketteurs français dominés par les Américains puis célébrés après le coup de sifflet final d'un match pour une médaille d'or ? Impossible ! En rugby, par bonheur, c'est possible !

Le 26 mars 1955, Jean Prat, que les Britanniques surnomment *Mister Rugby,* se retrouve, à la fin d'une rencontre perdue par les Français, sur les épaules de joueurs gallois ! Image splendide de respect, d'honneur, de reconnaissance et d'esprit de rugby.

Jean Prat, troisième ligne aile, capitaine glorieux et vaillant du FC Lourdes, le club de référence des années 1945 à 1960. Papa Prat, déjà très rugby, a vendu en 1927 un de ses pâturages pour y construire le stade. Un stade où les Lourdais vont rester invincibles pendant quatorze ans ! Un stade où Jean Prat montrera sa science de ce jeu merveilleux, son autorité naturelle et son talent inouï : six titres de champion de France, trois Challenges Yves-du-Manoir, 51 sélections en équipe de France, avec deux victoires dans le Tournoi des Cinq Nations, en 1954 et 1955. Justement, en 1955, pour la première fois, le XV du Coq est sur le point de réaliser le fameux Grand Chelem (quatre victoires de rang face aux équipes britanniques). Prat et ses copains ont battu l'Écosse (15-0), enchaîné en dominant les Irlandais (5-3) chez eux, à Lansdowne Road, et réussi l'exploit de se défaire de l'Angleterre à Twickenham (16-9).

Reste le pays de Galles. Le XV de France est favori, la France entière y croit... Henri Garcia, dans sa *Fabuleuse Histoire du rugby,* raconte que des trains spéciaux déversent par milliers des supporters joyeux qui se ruent vers Colombes : 62 000 spectateurs... Grande fête du rugby, grande déception aussi. Domec se blesse, les Gallois dominent et gagnent 16-11. Au revoir le Grand Chelem, et au revoir « Monsieur Rugby ». Jean Prat, qui met fin à sa magnifique carrière internationale, est porté en triomphe par les joueurs gallois pour rentrer aux vestiaires. Image émouvante et sublime. *Good-bye and thank you, Mister Rugby !*

1958
XV de France

Une croisière devenue croisade

18 août 1958 : *Le Miroir des Sports* consacre sa une à l'exploit des hommes de Lucien Mias en Afrique du Sud.

« Avis à toutes les équipes du monde, l'équipe de France vient de trouver un pack formidable ! » Déclaration sans ambages du manager des Australiens, que les Français viennent de battre à Colombes 19-0... Pack formidable ou pas, aller gagner en Afrique du Sud pendant la tournée de l'été 1958 paraît toutefois une tâche absolument impossible. Notre ami Denis Lalanne, talentueuse plume du journal *L'Équipe*, raconte d'ailleurs que René Crabos, le président de la Fédération à l'époque, souhaitant bon voyage aux joueurs le 6 juillet, au Bourget, a ajouté : « Tenez-vous bien, et, si, en plus, vous pouvez gagner un match ou deux, ce sera bien... »

Eh bien, le 16 août 1958, à l'Ellis Park de Johannesburg, le XV tricolore l'a fait ! L'équipe emmenée par un capitaine de légende, Lucien Mias, a réussi l'impossible : battre les Springboks chez eux... Victoire historique précédée de jours vraiment noirs. D'abord, avant même le départ de la tournée, une cascade de forfaits parmi les meilleurs : Labazuy, Bouquet, Maurice Prat – indisponibles –, auxquels s'ajoutent Crauste, Domenech et Domec... Dès le premier match, à Salisbury, Michel Vannier, l'arrière tricolore, est gravement blessé au genou droit. Michel Celaya, capitaine habituel, est victime d'une entorse au genou tandis que, lors du premier entraînement, Louis Cazaux s'explose la clavicule. Les sorciers sud-africains ont-ils frappé les coqs de leur mauvais œil ? Mais, comme l'écrit Denis Lalanne, « la croisière se transforme en croisade », et les Bleus se rassemblent avec une énergie insensée autour de Lucien Mias, leur capitaine courage. Le match est haletant. Les Springboks et les Tricolores se rendent coup pour coup, et les quinze Français se comportent de façon admirable... Score final : 9-5 pour la France.

« Je suis certain que nous allons faire une grande tournée qui marquera l'histoire du rugby et y laissera vos noms gravés à tout jamais », avait prédit Serge Saulnier, le patron de la tournée, avant de partir. Prémonition extraordinaire pour se souvenir de cette année 1958 où, finalement, le général de Gaulle ne fut pas le seul à marquer l'histoire.

Monsieur Drop

1960
Pierre Albaladejo

Pierre Albaladejo, 50 sélections en équipe de France (1954-1964).

Trois drops réussis au cours d'un match international : personne avant lui n'avait réussi cet exploit. Nous sommes le 9 avril 1960, au stade de Colombes, 30 700 spectateurs assistent à France-Irlande, le dernier match du Tournoi, et Pierre Albaladejo va réussir une prouesse qui va marquer l'histoire du rugby. Quinze minutes de jeu, domination française en mêlée, Pierre Lacroix transmet à « Bala », drop du droit, 3-0. Vingt-deuxième minute, deuxième tentative, deuxième succès, encore un drop du droit : 6-0... Et puis, en seconde période, pour changer un peu, drop du gauche, et 3 points de plus pour les Français, qui s'envolent vers une victoire méritée (23-6) et le gain du Tournoi, à égalité avec l'Angleterre.

Trois drops en un match. Pour mémoire : on fait tomber le ballon et on le frappe après le premier rebond; 3 points marqués lorsqu'il passe entre les poteaux, au-dessus de la barre transversale. Fruit d'un travail acharné ? Pas du tout, nous explique l'ami Pierrot, à l'époque à Dax. « On s'entraînait seulement deux jours par semaine : le mardi et le jeudi, et on avait seulement deux ballons pour trois buteurs... En calculant large, je tapais le cuir pendant dix minutes par semaine ! » Alors, quitte à heurter sa modestie naturelle, disons que « Bala » avait un talent énorme, et qu'il n'en était pas à son premier exploit ! En Challenge Yves-du-Manoir, par exemple, en 1959, il réussit trois drops en quarts, deux en demi-finales et quatre en finale... Il porte bien son nom, « Monsieur Drop », même si, depuis, des spécialistes de ce coup de pied particulier se sont pareillement illustrés. Comme Jean-Patrick Lescarboura (de Dax, lui aussi) face à l'Angleterre en 1985 et contre la Nouvelle-Zélande en 1986. Belle performance également pour Didier Camberabero en 1990 contre l'Australie.

Comme nous le remémore *Le Rugby pour les nuls*, de Viard et Duboisset, on ne peut oublier le record du Sud-Africain Jannie de Beer en quarts de finale de la Coupe du monde 1999 face aux Anglais : quatre drops en un match ! Ni celui de sir Jonny Wilkinson, unique mais tellement important, à quelques secondes de la fin du match contre l'Australie, et qui permit à l'Angleterre d'être sacrée championne du monde en 2003.

1968
XV de France

Grand Chelem, grande fête

Christian Carrère, le capitaine du XV de France, finit sur les épaules de ses équipiers.

Année 1968... quelle année! Olympique, d'abord. En février, à Grenoble, avec le triomphe des Killy, Goitschel, Mir, Famose... En octobre, à Mexico, avec l'or pour Besson, Trentin, Morelon et enfin Guyon, au concours complet. Au mois de mai, il y eut les fameux événements, moins sportifs, mais tout aussi remuants. Un peu avant, en mars, le 23 exactement : pour la première fois dans l'histoire du rugby, l'équipe de France réalise un Grand Chelem dans le Tournoi des Cinq Nations, c'est-à-dire gagne tous ses matchs...

Sous une pluie battante, dans la boue et le vent de Cardiff, le valeureux capitaine Christian Carrère a emmené ses joueurs vaincre les Gallois de Barry John et de Gareth Edwards pour le dernier match de ce Tournoi 1968. Score final : 14-9. Historique!

Historique aussi fut la fête qui suivit ce succès : deux nuits blanches de rires, de chansons ou de strip-teases dopés à l'AEP, « apéritif en permanence », comme le raconte si bien Francis Deltéral dans *L'Équipe Magazine*... Une fiesta monumentale commencée au pays de Galles et terminée avec un Élie Cester endormi le matin du troisième jour sur le volant de son auto, place de la Concorde. Entre-temps, la rue de la Soif, à Saint-Germain-des-Prés, n'avait jamais si bien porté son nom... On dansait, on chantait avec France Gall, Walter Spanghero, Antoine Blondin et Claude Nougaro. Un Grand Chelem, une grande fête. On appelle cela une « troisième mi-temps réussie ».

Le rugby a changé. Les règles, les mentalités, aussi, avec l'avènement du professionnalisme en 1995. Moins de folie, moins de poésie, moins de troisièmes mi-temps, plus de rigueur, plus de discipline et, surtout, plus d'argent.

Confidence de Pierre Albaladejo : « En 1961, pour la tournée en Nouvelle-Zélande, on touchait 7 francs par jour, et, pour le Tournoi, on montait à Paris en train. On nous offrait un billet en deuxième classe, mais on voyageait en troisième, et, avec la différence, on buvait un coup! »

Autres temps, autres mœurs... Bien heureusement, le rugby d'aujourd'hui garde encore quelques belles valeurs que le football devrait bien copier!

23 mars 1968, Cardiff : l'équipe de France savoure le premier Grand Chelem de son histoire.

1973

Barbarians-
All Blacks

Le match du siècle

27 janvier 1973, Cardiff : David Duckham, le numéro 14 des Barbarians, échappe aux All Blacks.

Pour certains joueurs et pour certains matchs, il ne faut pas avoir peur des superlatifs… Donc, pas de retenue : le 27 janvier 1973, dans le célèbre Arms Park de Cardiff, au pays de Galles, la rencontre entre les Barbarians et la Nouvelle-Zélande a été exceptionnelle, formidable, géniale, énorme, extraordinaire… bref, ce fut le match du siècle !

Le stade entier (45 000 spectateurs) se lève au coup de sifflet final pour applaudir les deux équipes : du jamais-vu ! Et un Français sur la pelouse, un Français dont le rôle a été essentiel : Georges Domec, arbitre de ce chef-d'œuvre de rugby flamboyant… Il a laissé jouer, lui-même subjugué par les combinaisons, les passes, les inventions des deux équipes. Dans *Le Rugby pour les nuls,* on retrouve ce commentaire du All Black Alex Wyllie s'adressant à M. Domec : « Vous auriez pu siffler plus souvent, ça allait trop vite ! »

Face à face, ce jour-là, deux demis de mêlée de légende. D'un côté, le Néo-zélandais Sid Going, 29 sélections, dix essais avec les Blacks et une spécialité : des coups de pied ajustés au millimètre qui déséquilibrent les défenses adverses. De l'autre côté, Gareth Edwards, le Gallois (avec des chaussettes rouges, évidemment, car si les Barbarians portent tous le même maillot noir et blanc, ils gardent les chaussettes de leur pays ou de leur club). Beaucoup d'experts considéraient déjà Edwards, 53 sélections avec les « Diables rouges », comme l'un des meilleurs joueurs de tous les temps. Ce fils de mineur possédait toutes les qualités : précision, puissance, rapidité.

À la fin de ce match du siècle, pour le numéro 9 gallois, le doute n'existait plus, en particulier après une action qui mit le stade en ébullition sur une relance d'une autre légende galloise, J. P. R. Williams. Pratiquement tous les Barbarians vont toucher le ballon. Rugby de rêve, et, au bout, la réalité : Gareth Edwards marque l'essai.

Ce jour-là, les Barbarians (cette équipe si particulière fondée en 1890, qui fonctionne sans stade, sans vestiaire, sans club-house, juste sur invitation) ont battu les All Blacks 23-11. Mais, peu importe le résultat, c'est le rugby qui est sorti vainqueur de ce match…

1977
Jacques Fouroux

Le Petit Caporal

Jacques Fouroux, 27 sélections en équipe de France (1972-1977).

Jacques Fouroux : petit bonhomme (1,62 m, 66 kilos), grand palmarès et, surtout, gros caractère. Son surnom ? « Le Petit Caporal », mélange de Napoléon et d'Astérix le Gaulois. Attention, pas de potion magique, juste une passion magique. Une fougue, une aura rarissime en sport. Ses mots suffisaient à en faire un meneur d'hommes unique au monde.

Vingt et une fois capitaine des Bleus en 27 sélections, et un chef-d'œuvre : le Grand Chelem de 1977. Jamais une équipe de rugby n'avait remporté le Tournoi des Cinq Nations avec les mêmes quinze joueurs et, surtout, sans encaisser un seul essai… Historique !

« Le Petit Caporal », un demi de mêlée de combat, à la passe carrément folklorique, mais à la détermination sans faille pour mener ses « gros » à la baguette. De la bravoure et du panache. Étonnant de voir ce petit numéro 9 commander, ordonner, diriger (en gueulant, souvent) son groupe d'avants. Paparemborde, Cholley, Bastiat, Palmié, Imbernon, Paco, Skrela, Rives, maréchaux de l'empire bleu de « Napoléon » Fouroux. En cette année 1977, ce pack d'avants, puissant, organisé et solidaire, permet à la France de dominer le pays de Galles, puis l'Angleterre et l'Écosse.

La belle histoire : Dublin, 19 mars. Succès 15-6 face aux Irlandais. Fouroux ne jurait que par ses avants, les Bleus allaient gagner avec un essai digne du fameux *French flair.* Aguirre, avec un culot incroyable, lance une attaque depuis les lignes françaises. Averous récupère le ballon, et tout s'enflamme, tout devient fluide, fou, formidable. Paco pour Bastiat, essai, victoire et entrée dans la légende.

« Gagner le Tournoi, ce n'est jamais qu'une belle victoire ; remporter un Grand Chelem, c'est fonder une nouvelle famille », explique « le Petit Caporal » sous la plume d'Alain Gex. Capitaine vaillant, Fouroux deviendra un général conquérant en endossant le rôle de sélectionneur : résultats illustrant son talent de meneurs d'hommes, deux nouveaux Grands Chelems et une finale de Coupe du monde en 1987.

On comprend mieux pourquoi le stade du Moulias, à Auch, sa ville, son club de cœur, porte aujourd'hui fièrement le nom de ce « grand petit bonhomme ».

1979
XV de France

Les balles du 14 juillet

Vestiaire des Français : vêtu d'un maillot bleu, Graham Mourie, le capitaine néo-zélandais, félicite ses bourreaux.

On a souvent dit que les Néo-Zélandais étaient vêtus de noir pour porter le deuil de leurs adversaires... Il faut avouer que, depuis 1906, date de sa première opposition aux All Blacks, le XV de France a longtemps été incapable de faire mentir la tradition, de broyer les « Noirs ». Et le blues était permanent.

La première vraie éclaircie dans ce ciel particulièrement sombre est survenue le 27 février 1954 sur la pelouse du stade Yves-du-Manoir, à Colombes. Un test-match dont les Français du capitaine Jean Prat vont sortir grandis.

Les All Blacks, puissants, adroits, vifs et extrêmement bien organisés, paraissent imbattables... Ils remportent vingt-sept mêlées sur trente-deux et trente-cinq touches sur quarante-cinq ! Pourtant, les Tricolores réussissent un véritable hold-up : une victoire à l'arraché, 3-0, avec un essai de Jean Prat et, surtout, comme André Boniface l'avoue humblement dans *Midi Olympique*, une défense de tous les instants : « Nous n'avons fait que défendre et nous n'avons rien montré, mais nous avons gagné ! »

Pour André Herrero, bandana rouge et barbe fleurie qui les a joués dix ans plus tard, « les Blacks, c'est le mythe absolu. Ils me font encore lever le matin pour regarder un match. » Justement, heureux les courageux qui n'ont pas dormi la nuit du 14 juillet 1979, lorsque les hommes du capitaine Jean-Pierre Rives ont réussi pour la première fois à battre les Néo-Zélandais chez eux.

Une semaine avant l'exploit à Christchurch, les Bleus avaient été bousculés, dominés, broyés, 23-9 : dur à digérer. De Paparemborde l'expérimenté à Dubroca le nouveau, d'Aguirre à Codorniou, ils ont tous une envie folle de revanche, d'une révolte, pourquoi pas d'une révolution. Cela tombe bien, le deuxième match est programmé pour le 14 juillet ; quatre essais : Gallion, Caussade, Averous et Codorniou. Et, surtout, du jeu.

Contrairement aux « défenseurs » de la première victoire de 1954, les Français osent, attaquent, enchaînent les passes et réussissent l'impensable. L'ami Roger Couderc exulte, il a bien raison : 14 juillet 1979, jour historique. Allons, enfants !

Ce 14 juillet 1979, Jean-Pierre Rives et les siens offrent une démonstration.

1986
Pierre Berbizier

« À la fin de l'envoi je touche ! »

(Cyrano de Bergerac, Edmond Rostand, 1897.)

Pierre Berbizier, 56 sélections en équipe de France (1981-1991).

« Je jette avec grâce mon feutre,
Je fais lentement l'abandon
Du grand manteau qui me calfeutre
Et je tire mon espadon;
Élégant comme Céladon,
Agile comme Scaramouche,
Je vous préviens, cher Myrmidon,
Qu'à la fin de l'envoi je touche! »
(Cyrano de Bergerac, Edmond Rostand, 1897.)

Et, de la touche, l'histoire raconte que Pierre Berbizier, à l'adresse de l'Écosse, envoya la première escarmouche. Janvier 1986, sur la pelouse d'Édimbourg, les Écossais reçoivent le XV de France pour le premier match du Tournoi. Fouroux, « le Petit Caporal », fait face à de multiples défections : Dintrans (opéré d'une hernie discale en novembre 1985), Codorniou et Lescarboura. Il mise sur la complicité des Agenais, appelle Dubroca au poste de talonneur et confie les clés du match à Berbizier. Ce dernier connaît les règles du jeu à la lettre et va le prouver dès le coup d'envoi...

À l'Écosse, la mise en jeu; à la France, l'opportunité de la contre-attaque... Le coup de botte de Rutherford est dévissé, il atterrit en touche... Réflexe des avants écossais : ils se dirigent vers le centre du terrain parce qu'ils croient que, comme d'habitude, l'adversaire va jouer une mêlée. Mais Berbizier, filou, a une autre idée en tête, un éclair de génie.

Le Français se dépêche de ramasser le ballon et joue rapidement une touche sur la ligne médiane. L'arbitre irlandais laisse faire, une-deux avec son complice Dubroca, et le filou file à l'essai. À l'arrière, Hastings, médusé, ne peut que constater cet essai au bout de vingt-cinq secondes de jeu (alors le plus rapide de l'histoire)... Pourtant, Cyrano avait prévenu, à la fin de l'envoi, il touche!

Réaction d'orgueil et talent de Hastings : il marquera six pénalités pour battre à lui seul les Bleus de 1 point (18-17). Rappelons pour l'histoire qu'au bout du compte, Écossais et Français finiront premiers ex-æquo de ce Tournoi 1986!

D'art et d'essais

John Kirwan, 63 sélections avec la Nouvelle-Zélande (1984-1994).

Merveille de la langue française, des dizaines de phrases nous permettent de donner le sentiment d'aller vite, de se déplacer rapidement. En appelant Claude Duneton et son bouquet d'expressions imagées en renfort, on est très fort : aller grand-erre, grand train, comme le vent, à bride abattue, au galop, comme l'éclair, à fond la caisse, comme une balle... Et puis, on arrive aux ailes, où l'on se sentira léger : d'un coup d'aile, à tire-d'aile, on aura des ailes... En rugby, les maillots 14 et 11 sont la conjugaison de toutes ces expressions : les ailiers doivent vraiment avoir des ailes et le prouver.

Pendant des décennies, les ailiers étaient fins, légers, à l'exemple du meilleur des années 1920, Adolphe Jauréguy. Ian Smith l'Écossais, Ken Jones le Gallois, « Pipiou » Dupuy le Français ont eux aussi marqué l'histoire de leur poste avant les modernes Lagisquet, Underwood, Saint-André, Dominici... Pour ces ailiers renommés, la vitesse était la qualité principale, à laquelle on ajoutait parfois une défense efficace. Et puis, comme pour tous les joueurs du rugby moderne, la nécessité de la puissance est arrivée. « Dans le rugby professionnel, il n'y a plus de place pour les petits génies, c'est la dictature des monstres », reconnaît Jean Gachassin (ailier à son heure, lui aussi) dans un livre d'Alain Gex. Prototype parfait de ces nouveaux monstres, Jonah Lomu (63 sélections avec la Nouvelle-Zélande), ultrarapide mais, surtout, ultracostaud.

Le premier de cette catégorie nouvelle a sans doute été le All Black John Kirwan : 1,92 m, 92 kilos. Puissant, adroit, rapide. Il a marqué l'histoire de son sport par quelques chevauchées fantastiques, dont une restera à jamais dans nos mémoires.

Nous sommes le 22 mai 1987, première Coupe du monde, premier match à Auckland. Les Italiens sont pulvérisés par les Néo-Zélandais, et Kirwan marque l'un des essais du siècle : 100 mètres de course, tout seul, sans aucune passe, il part de sa ligne d'en-but et atterrit balle en main de l'autre côté du terrain, chez les Italiens. L'ailier aux ailes de vent a frappé d'entrée. Un chef-d'œuvre, toutes ailes déployées...

1987
XV de France

13 juin 1987, Sydney : Serge Blanco envoie les Bleus en finale de la Coupe du monde.

L'essai du bout du monde

Année 1987 : la Terre vient de franchir la barre des 5 milliards d'habitants. L'avenir, c'est l'inauguration du Futuroscope. Le passé, la disparition de Fred Astaire, Rita Hayworth, Dalida, Lino Ventura, Jean Anouilh ou Jacques Anquetil. L'année 1987 est également celle du formidable triplé du cycliste irlandais Stephen Roche : Giro (Tour d'Italie), Tour de France et Championnat du monde !

En rugby, 1987 est marqué par le quatrième Grand Chelem du XV de France, mais aussi par l'organisation de la première Coupe du monde. Seize équipes se retrouvent au printemps en Australie et en Nouvelle-Zélande pour se disputer le trophée Webb-Ellis (du nom du créateur du rugby). Tous les spécialistes prédisent une finale entre les All Blacks et les Wallabies, les deux équipes des nations organisatrices, les deux meilleures du monde.

Les Néo-Zélandais impressionnent le monde de l'Ovalie dès le début en pulvérisant l'Italie 70-6 et en atomisant les Fidji 74-13. De son côté, l'Australie, elle aussi, déroule. Mais, le 13 juin 1987, les Wallabies vont tomber sur un os. Demi-finale contre la France. Un match de légende. Le XV d'Australie, puissant et dominateur, mène vite 9-0. Les Bleus du capitaine Dubroca résistent d'abord, puis réagissent... Les deux équipes se retrouvent à égalité, 24-24, à quelques minutes de la fin. Intensité dramatique absolue, car une place en finale se joue.

Le fameux *French flair*, ce mélange d'audace, d'adresse et de génie, va faire la différence. Les Français vont marquer un essai d'anthologie grâce à Serge Blanco. Lagisquet, Lorieux, Erbani, Champ, Ondarts, Garuet, Rodriguez, Charvet... ils touchent tous la balle. Énorme, irrésistible... Et Blanco, en bout de course, au bout du monde, marque. Essai, victoire 30-24, la France est en finale ! Confidence de notre fameux « 15 » de légende, notre « Pelé du rugby », dans le journal *L'Équipe :* « Quand je reçois la balle, à l'entrée des 22 mètres australiens, cela ne m'a pas paru très long, mais très loin, ces 22 mètres, je ne sais vraiment pas combien ils mesuraient. »

P.-S. : sans aucun doute épuisés par cet exploit, les Bleus échouent en finale contre les All Blacks, 29-9.

1987

Serge Blanco

Le Pelé du rugby

Serge Blanco, l'homme d'un seul club, le Biarritz Olympique (1975-1992).

C'est l'histoire d'un petit garçon né à Caracas le 31 août 1958 et destiné à devenir l'un des plus grands joueurs de rugby de tous les temps. Serge Blanco grandit à Biarritz avec Odette, sa mère, une garde-barrière, française d'origine basque. CAP de tourneur-ajusteur en poche, il travaillera à la chaîne chez Dassault pendant huit ans. « Je décapais les avions dans l'allégresse générale. »

Mais, très vite, le sport entre dans sa vie... Il décline une offre du Football Club de Nantes et se donne corps et âme au rugby. Saint-Jean-de-Luz, d'abord, puis le club de sa vie, le Biarritz Olympique, dont il deviendra président. Côté business, un centre de thalassothérapie et une marque de vêtements à son nom.

Serge Blanco va connaître une carrière en or avec le XV de France : 93 sélections (dont 17 comme capitaine), six victoires dans le Tournoi des Cinq Nations entre 1981 et 1989, dont deux Grands Chelems... Et, au-delà des chiffres et des records, un immense talent. Le « Pelé du rugby » a marqué la mémoire collective : sa technique, sa vision du jeu, ses courses, ses passes, son audace en ont fait le meilleur arrière du monde. En témoigne « son » Mondial 1987, qu'il éclaire avec deux essais, deux essais seulement, mais l'un d'une splendeur collective (« l'essai du bout du monde » contre l'Australie, lire en page de gauche), l'autre de malice absolue contre l'Écosse.

Le 23 mai 1987, la France affronte les Écossais lors d'un ultime match de poules. À cinq minutes de la fin, l'Écosse mène 16-14 lorsque la France obtient une pénalité à 40 mètres de la ligne adverse. Les caméras s'attardent sur Pierre Berbizier, qui se fait soigner sur la touche. Ce qu'elles loupent, c'est que Blanco, qui voit ses adversaires se regrouper et lui tourner le dos, demande à l'arbitre la permission de jouer à la main.

Les hourras du public alertent les cadreurs, qui retrouvent Serge en train de galoper seul dans les 22 mètres adverses. Il va marquer entre les poteaux ! Les Écossais avaient cru à un arrêt de jeu, pas Blanco, attentif et lucide. La marque du génie...

French flair

1989
XV de France

Philippe Sella, 111 sélections en équipe de France (1982-1995), symbole du *French flair*…

French flair, histoire de « f »… La Fameuse Folie Française, Faite de Fluidité, une histoire de Feu Follet… Comme si le ballon, pendant ces instants de Folie, était en Feu, chaud bouillant et brûlant. Alors, les joueurs, tous les joueurs se passent l'ovale, porteurs d'un Feu sacré avec l'envie irrésistible de l'emmener dans l'en-but adverse…

Le *French flair* est le résultat de cette addition magique : audace, adresse, vitesse, inspiration technique et, surtout, folie… Il y a mille exemples de ces moments de grâce où les joueurs de l'équipe de France se transforment en une fraction de seconde en magiciens de l'Ovalie.

Le 21 janvier 1989 voit un feu d'artifice français en ouverture du Tournoi à Dublin, face aux Irlandais ; 26-21 pour les Bleus et trois essais, du cent pour cent pur *French flair*. Mesnel, Berbizier, Blanco, Carminati, Rodriguez, Andrieu, Lagisquet… Grands, gros, légers, rapides… ils vont tous toucher la balle. Un récital. Du grand rugby, du grand spectacle !

Christophe Dominici, qui va lui aussi marquer en 1999, contre les Blacks, un essai d'anthologie en reprenant en pleine course un ballon de Galthié envoyé par-dessus la défense néo-zélandaise, nous a expliqué qu'à ce niveau, ce sport devient de l'art. On ne réfléchit plus. On oublie absolument tous les schémas, les consignes, les fondamentaux. On est « au-delà » ! Dans une inspiration juste faite de sensations.

Selon Christophe, vaillant et rapide ailier du Stade Français, « ce serait manquer d'humilité de dire que ce flair serait seulement *french*… Pendant des années, Irlandais, Gallois, Australiens, Argentins et Néo-Zélandais nous ont montré qu'ils étaient capables eux aussi de ces coups de folie ».

L'important, diront les vrais amateurs de rugby, n'est pas de comparer le jeu des Boniface, Maso, Lafond ou Gachassin à celui des Bastareaud, Mermoz, Rougerie ou Lomu. L'important, c'est de plaire, comme l'avait écrit Molière… Avec, si possible, un zeste de flair.

1989
Denis Charvet

27 mai 1989, Parc des Princes : Denis Charvet affole la défense toulonnaise.

La tête et les jambes

« Il nous a marqué un essai de 500 mètres ! » Commentaire dithyrambique, mais ô combien justifié, de Daniel Herrero, l'entraîneur de Toulon, au lendemain de la finale perdue par son équipe face au Stade Toulousain, en 1989. « Il », c'est Denis Charvet, trois-quarts international, une gueule de jeune premier, une gueule de cinéma – il en fera, d'ailleurs – et, surtout, des jambes de feu.

Évidemment, la course du Toulousain n'a pas mesuré 500 mètres, mais tous ceux qui s'en souviennent (joueurs, entraîneurs, spectateurs et téléspectateurs) ont le sentiment d'avoir vécu un moment hors du temps, une chevauchée fantastique, une course folle pour aller porter le ballon dans la rade toulonnaise, derrière les poteaux…

Sincère, comme d'habitude, Denis avoue qu'il est un peu déçu que toute sa carrière soit résumée à cette action : « J'ai quand même été champion de France trois fois, j'ai gagné le Challenge Yves-du-Manoir, j'ai 23 sélections en Bleu, avec un Grand Chelem en 1987 et une finale de Coupe du monde, mais c'est extraordinaire, on me reparle sans cesse de cet essai. » Il enchaîne : « Je dois avouer que, le soir du 27 mai 1989, au Parc des Princes, j'ai tutoyé les anges ! D'abord, il y a eu cette passe lumineuse de Didier Codorniou, une offrande. En une fraction de seconde, j'ai vu le trou dans la défense des rouge et noir, et j'ai accéléré. La tête et les jambes. L'état de grâce, plus j'allais vite, plus la scène se déroulait au ralenti, comme dans un film… J'ai posé le ballon, et, moi qui suis athée, j'ai levé les mains au ciel… Et tout le stade s'est levé. Récemment, en allant à Toulon pour commenter un match, j'ai croisé deux femmes qui m'ont raconté qu'elles étaient au stade : "On s'est levées pour vous, Denis, tellement c'était beau !" »

« Quel paradoxe, ajoute Denis Charvet, moi qui étais fou du jeu et des beaux gestes, admiratif des Boniface, Maso, Codorniou… je marque les esprits juste avec une course. » Oui, mais l'échappée était tellement belle que, tout le monde le reconnaît : c'était un chef-d'œuvre.

1991
Philippe Saint-André

Danton et le goret

16 mars 1991, Twickenham : Philippe Saint-André marque un essai d'anthologie contre les Anglais.

« Souviens-toi davantage de tes défaites que de tes victoires ! », répète souvent Sean Fitzpatrick, l'un des plus grands capitaines des All Blacks, du haut de ses 92 sélections et de sa Coupe du monde victorieuse de 1987. En suivant le conseil éclairé de ce brillant joueur, nous allons évoquer un historique Angleterre-France du Tournoi des Cinq Nations 1991.

Pas pour le résultat final, 21-19 pour les Anglais, Grand Chelem à la clé. Pas pour une météo capricieuse, qui fit d'une certaine façon basculer le sort de la rencontre. Soleil et beau jeu pour les Français au début de la partie, puis pluie et domination anglaise dans leur jardin de Twickenham en seconde période…

Non, la défaite n'abîmera jamais, pour ceux qui l'ont vécue, le souvenir de l'un des plus beaux essais de l'histoire récente du rugby. « Le plus bel essai de toute l'histoire du Tournoi », titra même le journal britannique *The Observer*.

Un chef-d'œuvre de jeu collectif, audacieux et réussi. Avec, au bout, un essai de plus de 100 mètres marqué par un « Goret » ravi. Philippe Saint-André aplatit après une série magistrale de passes.

Treizième minute, pénalité contre la France. Le buteur anglais, Hodgkinson, rate la cible ; le ballon est dans l'en-but français. Pierre Berbizier le contrôle, et tout le monde pense qu'il va toucher pour un renvoi aux 22 mètres. Que nenni ! Il fait sienne la devise de Danton : « De l'audace, encore de l'audace, toujours de l'audace ! » Et relance une contre-attaque complètement délirante : passe pour Blanco, qui poursuit, Lafond et Sella se relaient sur l'aile droite, puis Camberabero enchaîne au pied au-dessus des Anglais. Il récupère le ballon et déplace le jeu vers la gauche. Inspiration digne des plus grands. Saint-André se saisit de la balle et accélère… Twickenham est médusé, c'est un feu d'artifice, un essai arc-en-ciel dans un ciel de pluie. Un chef-d'œuvre à voir et à revoir comme un tableau de maître, de la fameuse école française de rugby…

« Est-ce qu'on n'emporte pas la patrie à la semelle de ses souliers ? », demandait Danton. En cet après-midi de l'an 1991, la patrie avait des semelles de vent et de génie.

Le colosse aux reins d'argile

Jonah Lomu, 63 sélections avec la Nouvelle-Zélande (1994-2002).

1995
Jonah Lomu

« *Remember that rugby is a team game; all fourteen of you make sure you pass the ball to Jonah.* » Le fax anonyme reçu par les All Blacks avant leur demi-finale de Coupe du monde 1995 contre l'Angleterre est on ne peut plus clair et prémonitoire ! C'est de Jonah Lomu dont il est question. Le super-héros de la planète ovale.

À vingt ans à peine, le plus jeune All Black de l'histoire éclabousse la Coupe du monde 1995 (sept essais en cinq matchs) ; 1,96 m pour 120 kilos et 10"8 au 100 mètres, Lomu possède à la fois l'explosivité, la vitesse et la force. Au contact de l'ogre, au choix : on est écrasé ou on rebondit. « L'Autobus » (son surnom) est inarrêtable...

Mais, après cette période faste, Jonah découvre son point faible en 1997. Un syndrome néphrotique (maladie des reins) le maintient éloigné des terrains pendant un an. Lors du Mondial 1999, Lomu, montagne de muscles, ne suffit plus aux « Néo-Zéd » pour gagner quand Jean-Claude Skrela lui oppose deux coqs de combat (Dominici et Bernat-Salles) aux ailes. C'est le match du siècle pour la France, et les Blacks broient du noir.

En 2003, l'état de ses reins se détériore, et il est mis sous dialyse trois fois par semaine, avant, en 2004, de tenter une greffe, au risque de perdre l'usage de ses jambes. Il se remet à espérer de haut niveau et reprend l'entraînement en 2005. Mais trop peu de portes s'ouvrent, la Coupe du monde 2007 s'éloigne et éteint sa carrière. Deux ans plus tard, le projet d'aider Marseille-Vitrolles à remonter en Pro D2 le remotive. Alors, après être monté à 140 kilos, Jonah se reprend en main : régime draconien et body-building, au point même de se hisser à la deuxième place au concours de *Mister New Zealand* !

Mais voilà, Lomu est sursitaire. Chez Marvel, tous les super-héros ont un talon d'Achille. Lui a repris les dialyses et a même failli mourir... Cela aurait été un drame national : c'était le soir de la cérémonie d'ouverture de la Coupe du monde 2011 (chez lui, en Nouvelle-Zélande), dont il était l'invité vedette.

1995
XV de France

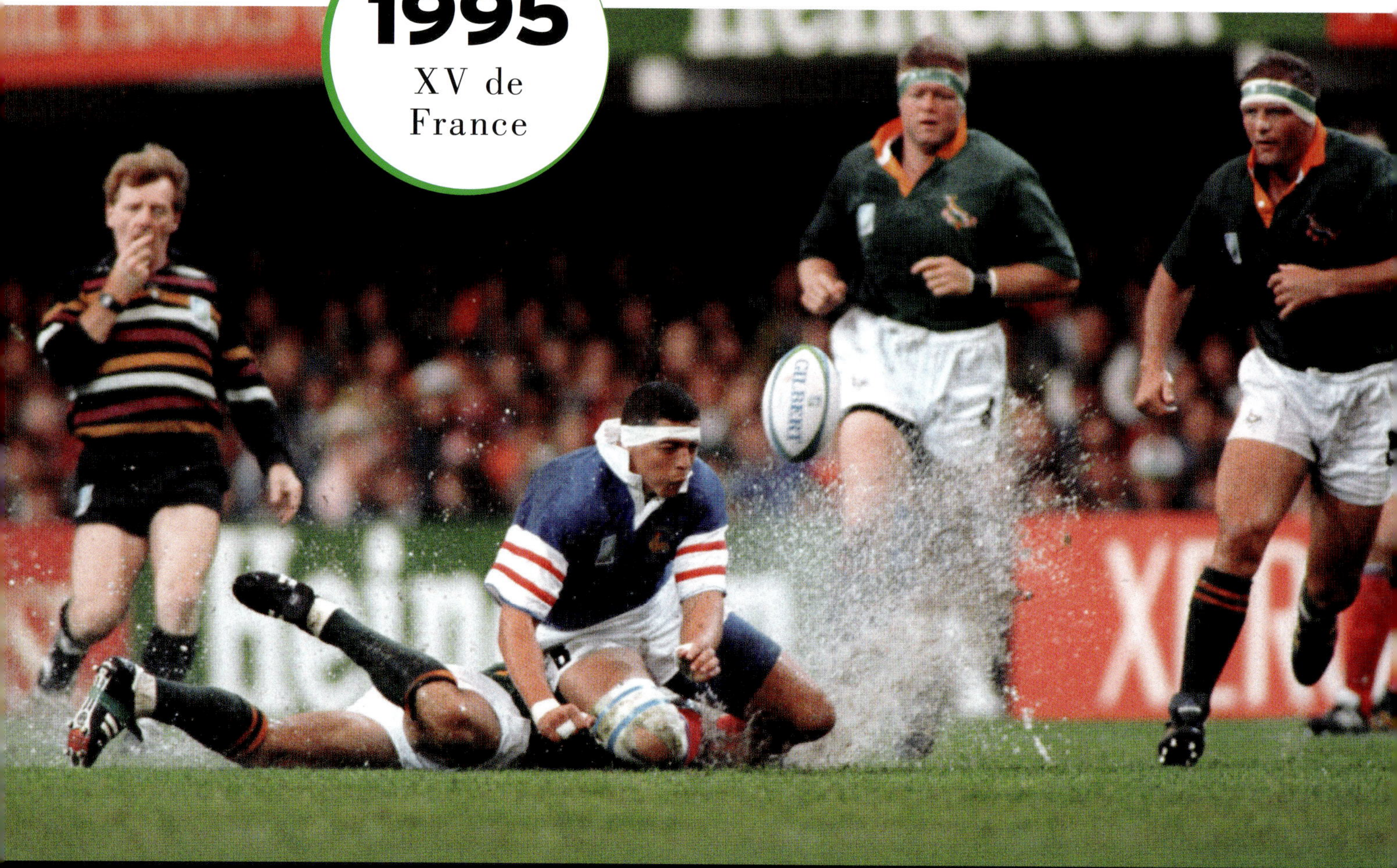

À 10 centimètres près...

17 juin 1995, Durban : Abdelatif Benazzi et les Bleus se noient sous des trombes d'eau.

En Coupe du monde, certaines campagnes du XV de France ont laissé un goût amer... En 2011, les Français réussissent un parcours presque parfait jusqu'à la finale, perdue 8-9 contre la Nouvelle-Zélande, avec l'impression d'avoir été spoliés par l'arbitre. En 2003, sentiment d'impuissance, le système des blocs de Bernard Laporte tombe à l'eau (le match se joue sous une pluie battante), et, surtout, un Jonny Wilkinson en état de grâce marque les 24 points de son équipe.

Et puis, il y eut les 10 centimètres du Mondial 1995, en Afrique du Sud. La campagne démarre tambour battant. En poule, la France écrase l'Écosse, les Tonga et la Côte d'Ivoire. Abdelatif Benazzi raconte : « On était extrêmement bien préparés, confiants en notre potentiel et véritablement concentrés sur notre objectif. Et puis, devant, on était très forts physiquement. On savait qu'on pouvait battre n'importe qui. » Cela se confirme en quarts, à Durban, où la France étrille l'Irlande 36-12. Mais, en demies, la météo devient désastreuse, et l'épopée bleue va se noyer sous des trombes d'eau.

Nous sommes dans les dernières minutes du match, la France est menée 19-15, et le pack met la pression pour remonter au score. Merle, Roumat, Cécillon... la poussée des guerriers est impressionnante. Benazzi en profite pour percer et aplatir. Seulement, où a-t-il aplati ? Sans même avoir consulté ses assistants, l'arbitre gallois Derek Bevan indique qu'il n'y a pas essai.

Fin du match. Après avoir tout tenté, l'équipe de France est éliminée, comme nous l'avons dit, avec un goût amer en bouche. Dans le vestiaire, pour éviter toute tension, Benazzi affirmera à ses équipiers avoir échoué à 10 centimètres de la ligne sud-africaine. La vérité, c'est qu'il l'avait bien marqué, cet essai. Abdelatif le clame encore aujourd'hui.

Les joueurs de l'équipe de France pouvaient se battre contre les éléments, mais il était difficile de se battre contre un arbitre probablement corrompu (on raconte qu'après la finale, l'Afrique du Sud lui aurait offert une montre en or).

Madiba dope les Boks

24 juin 1995, Johannesburg : Nelson Mandela félicite Francois Pienaar, le capitaine sud-africain.

1995
Afrique du Sud

Le sport, système institutionnalisé de pratiques physiques codifiées dont l'objectif est de désigner le meilleur et d'établir des records... Le sport, devenu, aux heures les plus sombres de notre histoire, notamment dans les années 1930 en Europe, un outil de propagande idéologique, d'embrigadement des peuples... Le sport, heureusement lien social qui rapproche les hommes et, surtout, fournisseur d'émotions et de bonheur... Souvenez-vous de l'ivresse populaire de 1998, lorsque, avec un ballon rond, nos Bleus, Blacks, Blancs, Beurs nous ont fait rêver, et de « l'effet Coupe du monde » pour les rugbymen sud-africains en 1995.

L'apartheid, l'immonde ségrégation raciale, est tombé. Nelson Mandela, libéré en 1990 et fraîchement élu à la tête de l'Afrique du Sud, va lui aussi utiliser le sport à des fins politiques. Pas revanchard après vingt-sept ans d'emprisonnement sur Robben Island, pas revanchard à l'égard de la minorité blanche d'Afrique du Sud, qui a privé de liberté et de dignité des millions de Noirs...

Et, plutôt que de choisir le football, le sport de la communauté noire, « Madiba » va s'appuyer sur celui qu'ils honnissent : le rugby ! Car, en 1995, le Mondial s'organise sur le sol sud-africain. Il faut gagner à tout prix : la Coupe du monde, l'adhésion du peuple et l'adhésion de la communauté internationale. Ne surtout pas cultiver la soif de vengeance des opprimés et offrir un bonheur commun à une nation arc-en-ciel.

Éclairé, « Madiba » jette son dévolu sur le capitaine des « Sud-Af », Francois Pienaar, et suit de près la progression de l'équipe. En finale, face aux Néo-Zélandais, il va même jusqu'à pénétrer sur la pelouse, habillé du maillot des Springboks, symbole de la communauté afrikaner et de l'apartheid ! Laurie Mains, le coach des Blacks, assiste, médusé, à la scène : « La foule est devenue littéralement survoltée [...]. Il a clairement dopé les spectateurs et l'équipe des Springboks. »

Les « Boks », de nouveau sur la scène internationale après un long boycott, font un sans-faute. Sans véritable génie, mais avec une défense de fer, ils deviennent champions du monde. Pourtant, derrière la grande histoire, dont Clint Eastwood fera un film *(Invictus)*, se cachent de petits secrets et de forts soupçons de tricherie (intoxication alimentaire des Néo-Zélandais, corruption de l'arbitre...). Mais l'essentiel est ailleurs : Mandela a réussi son pari !

1995
Coupe d'Europe

Toulouse et Toulon : tout bon !

7 janvier 1996, Cardiff : le Toulousain Émile Ntamack soulève le premier trophée de la Coupe d'Europe.

Comme un ballon de rugby aux rebonds incertains, la Coupe d'Europe aura vécu, en 2015, vingt ans de péripéties étincelantes, étonnantes et parfois déconcertantes... Dans le quotidien *L'Équipe,* Guy Novès, l'entraîneur du Stade Toulousain, explique : « On se demandait, en 1995, au moment de sa création, quel serait l'avenir de cette compétition. Tout a commencé pour nous sur un petit stade champêtre de Roumanie, contre Constanta, le 12 octobre, 3 000 spectateurs seulement pour ce premier match, et des chaises sur le bord du terrain où on ne pouvait pas s'asseoir, car la peinture était encore fraîche ! »

Jean-Luc Cester marque le premier essai de cette Coupe d'Europe, et Toulouse gagne 54-10. Début d'une longue histoire d'amour entre les rouge et noir et cette compétition. Avec des chiffres impressionnants : d'abord, Vincent Clerc, meilleur marqueur, avec trente-six essais ; ensuite, Toulouse, premier club avec cent victoires en Coupe d'Europe et, surtout, quatre trophées... Il aurait même pu en avoir un cinquième si le talentueux Clément Poitrenaud n'avait pas oublié d'aplatir le ballon dans son en-but pendant la finale contre les Wasps, le 23 mai 2004.

De plus en plus de grands matchs, de plus en plus de spectateurs et de téléspectateurs, de plus en plus d'argent, alors, évidemment, de plus en plus de convoitises pour le partage de cette manne financière. Par exemple, la nouvelle formule de la Coupe d'Europe, la Champions Cup, annonce en 2015 un budget de 55 millions d'euros par an. On comprend mieux pourquoi trois crises – en 1998, en 2007 et en 2014 – ont secoué la belle organisation.

Le Stade Toulousain domine pendant les quinze premières années, avant que le relais ne soit pris, le 18 mai 2013, par un RC Toulon flamboyant, double champion d'Europe en 2014 et qui rêvait d'un troisième titre consécutif en 2015, une performance unique...

24 mai 2014, Cardiff : Jonny Wilkinson et Toulon décrochent une deuxième couronne européenne consécutive.

La tornade bleue

1999
XV de France

31 octobre 1999, Twickenham : Fabien Pelous et les Bleus exultent. L'équipe de France s'offre une deuxième finale de Coupe du monde.

Le rugby est un sport créé par les Anglais… Mais, à la fin, comme une habitude, ce sont les All Blacks qui gagnent : en cinquante-six matchs contre la Nouvelle-Zélande entre 1906 et 2015, la France n'en a remporté que douze !

Athlétiques, méthodiques, les Néo-Zélandais maîtrisent l'art du rugby à la perfection : saper, user, museler l'adversaire et planter les points comme autant de banderilles qui rendent l'issue inexorable, comme dans les corridas. Une mise à mort qui commence avec le traditionnel haka, un folklore maori où les Blacks intimident leurs rivaux.

Oui, mais… Le 31 octobre 1999, en demi-finales du Mondial, la France affronte la Nouvelle-Zélande à Twickenham. Vu l'historique des confrontations, peu de gens croient en nos chances. Mais c'est oublier la capacité de révolte des Gaulois.

Skrela, Villepreux et Maso prônent une philosophie de jeu en mouvement, aux antipodes des méthodes de l'hémisphère Sud. Pour ce match, ils font confiance au *French flair* en donnant les clés du jeu à Galthié et à Lamaison. Umaga et Lomu croient pouvoir s'offrir deux petits coquelets en guise de hors-d'œuvre, mais Dominici et Bernat-Salles, nos ailiers de poche, leur proposeront un chef-d'œuvre !

Sans forcer, les Blacks jouent leur jeu et arrivent à la pause en menant 17-10. À la quarante-cinquième minute, Lomu entre dans les 22 mètres français comme dans du beurre et marque son deuxième essai : 24-10. On croyait la maison en train de tomber sur les Bleus, mais deux coups de patte de Lamaison remettent l'équipe en selle !

Magne, Dourthe, Ntamack et les avants tiennent le choc. Galthié le créatif et Lamaison le botteur (il marquera 28 points) envoient Dominici, Dourthe et Bernat-Salles à l'essai. La tornade bleue est en marche. *La Marseillaise* résonne dans le stade, et les Blacks, médusés, perdent 43-31 après avoir encaissé un 33-0 !

Preuve que notre petit village gaulois n'était pas près d'être envahi par l'empire néo-zélandais, les Bleus rééditeront l'exploit en 2007.

1999
Christophe Dominici

Dominici(x) le Gaulois

Christophe Dominici, 65 sélections en équipe de France (1998-2007).

C'est suffisamment exceptionnel pour être signalé, tout Twickenham a chanté *La Marseillaise* ! Et ça, Christophe Dominici s'en souvient comme si c'était hier. Voici donc l'histoire de cette tornade bleue vécue de l'intérieur, avec les confidences de l'ancien ailier des Bleus et du Stade Français. Éclairage sur la bataille d'un petit village gaulois qui décida d'entrer en résistance.

« C'est systématique, les All Blacks veulent toujours être les patrons d'un match. Le haka qu'ils imposent à leurs adversaires, c'est une façon de les mettre sous pression et de dire : "C'est nous qui avons la main." Ils maîtrisent tout de A à Z, y compris le protocole.

Coïncidence fortuite, ce jour-là, nos deux bus arrivent en même temps à Twickenham. Et, dès la descente du car, ils [les Néo-Zélandais] sont déjà impressionnants : *all black*, "tout noirs". Costumes noirs, lunettes noires et, si ce ne sont les lunettes, c'est le regard ! En plus, nous sommes tendus par un début de Coupe du monde difficile et besogneux, contre la Namibie, contre les Canadiens, aussi...

Qu'à cela ne tienne, cela ne nous impressionne pas : nous avions décidé d'être les patrons. Et, chose rare, nous commençons par répondre à leur haka en nous regroupant au centre du terrain pour chanter une seconde fois, et entre nous, notre *Marseillaise* !

Je me souviens qu'on ne fait pas une grande première période. Mais, à la pause, dans les vestiaires, nous nous sommes parlé. Aucune panique. Nous avions remarqué, même s'ils menaient, qu'à chaque fin de temps fort, les Néo-Zélandais baissaient les yeux. Il y avait quelque chose à faire !

Au retour sur la pelouse, Lomu nous atomise et marque un deuxième essai. Et là, le miracle se produit, le XV de France entre en état de grâce : d'un seul coup, on réussissait tout ce qu'on tentait... » Et la tornade était bleue.

2002

XV de France

Deus ex machina

6 avril 2002, Stade de France : Fabien Galthié célèbre le septième Grand Chelem de l'équipe de France. Ci-dessus, Jacques Brunel.

Nous sommes le lundi 4 février 2013, *La Gazzetta dello Sport* partage sa une entre les débuts de Mario Balotelli au Milan AC et la victoire des rugbymen italiens face aux Français. La veille, les Transalpins ont enflammé l'arène du stade olympique de Rome, victoire 23-18. Préparés techniquement et physiquement comme des gladiateurs, les « Romains » ont trouvé face à eux une énorme pression des avants français, mais aussi beaucoup d'imprécision.

Le quotidien sportif italien rend un hommage appuyé à Jacques Brunel, le sélectionneur français des Transalpins, rapporte le site rugbyrama.fr. Le technicien est « désormais considéré en Italie comme le deus ex machina, le seul homme réellement capable d'amener la Squadra Azzurra à la table des grands ».

Oui, mais comment ? Non par la simple voix du Saint-Esprit, mais par une science tactique hors pair, que l'on a baptisée « le système des blocs ». Un système de jeu déjà mis en place par Brunel pour le XV de France en 2002, lorsqu'il était adjoint de Bernard Laporte, et qui a permis aux Français de remporter deux Grands Chelems, en 2002 et en 2004.

Flashback : 6 avril 2002, la France reçoit l'Irlande au Stade de France. Depuis la Coupe du monde 1999, Laporte a imprimé sa patte dans le management des Bleus. Après leur exploit contre les Blacks, on leur sait des possibilités illimitées. Mais là, on atteint des sommets : le XV de France étrille le XV du Trèfle 44-5, ne laissant que des miettes aux Irlandais, avec un seul essai marqué par Keith Wood.

Comment ? Inspiré par les schémas offensifs du rugby à XIII australien, Brunel détermine les zones que les joueurs doivent occuper sur la largeur du terrain pour que le porteur de balle soit toujours soutenu et que le ballon vive ! La vitesse de jeu pour pallier le manque de puissance : deux essais de Betsen, deux de Brusque, un de Rougerie…

La France remporte le Tournoi des Six Nations avec un Grand Chelem ! Historique ! Comme dirait l'ami Salviac : « La balle à l'aile, la vie est belle ! »

2003
XV de France

Des illusions douchées

16 novembre 2003, Sydney : Aurélien Rougerie est stoppé net par l'Anglais Ben Cohen.

Diabolique, ce sentiment d'impuissance à voir les Bleus s'effondrer sous les gouttes de Sydney, sous les coups de boutoir de Jonny Wilkinson… Décidément, cette Coupe du monde nous glisse encore entre les mains… Pourtant, l'histoire avait magnifiquement commencé : en 1999, Laporte hérite d'un XV de France auréolé d'un exploit titanesque face aux All Blacks. La culture de la gagne et, surtout, celle du jeu sont ancrées dans cette génération dorée ! Un terreau fertile où cultiver de nouvelles ambitions.

En 2002, la poigne de Bernard Laporte (souvenez-vous de cette colère télévisée dans le vestiaire lors de France-Italie…) et la science du jeu de Jacques Brunel (le fameux système des blocs, lire en page de gauche) ont conduit le XV de France au Grand Chelem. Le staff a parfaitement appréhendé la mutation en cours du rugby : plus d'impact, de défense, d'occupation du terrain.

Alors, la France arrive en Australie pour le Mondial avec une grosse confiance et un savoureux mariage entre l'expérience et la jeunesse, la créativité et l'organisation : Galthié, Dominici, Magne, Rougerie, Michalak, Ibañez…

En phase de poules, les Tricolores survolent les débats : Fidji (61-18), Japon (51-29), Écosse (51-9), puis États-Unis (41-14), sont écrasés lors des trois premières semaines de compétition. L'occasion pour Frédéric Michalak de s'illustrer avec un *full house* (marquer au moins un essai, une transformation, un drop et une pénalité) contre l'Écosse. En quarts, contre l'Irlande, le XV de France poursuit sur sa lancée : victoire 43-21.

Mais notre bonheur et nos espoirs vont finalement être douchés en demies par un certain Jonny. Le XV de France affronte les Anglais et la pluie. Souvenir de la douloureuse demi-finale de 1995 contre l'Afrique du Sud, sous le déluge, déjà…

C'est la panne sèche, la panne d'inspiration. Jeu à la main impossible, Laporte n'a pas de plan B. « Wilko » joue au pied et marque les 24 points de son équipe… Énorme déception. Et, surtout, l'impression d'avoir oublié notre talent au vestiaire. Spleen. Cruel pour le demi de mêlée et capitaine français Fabien Galthié, qui portait pour la dernière fois de sa carrière la tunique bleue frappée du coq.

2007
Sébastien Chabal

Caveman

Sébastien Chabal, 62 sélections en équipe de France (2000-2011).

On pourrait lui tirer le portrait comme celui d'un personnage de la galaxie Marvel... Fort comme Hulk, brutal comme Wolverine, mais notre histoire serait du coup tirée par les cheveux ! Pourtant, on n'est pas loin des codes du super-héros !

Tout commence en 2004, lorsque Chabal prend une décision radicale pour sa carrière et pour sa vie : tenu à l'écart de l'équipe de France depuis une prise de bec avec le sélectionneur (Laporte), « Cartouche » (son surnom à Bourgoin-Jallieu) est prêt à tout pour jouer le Mondial 2007. Il décide de s'exiler chez les Anglais. Direction Sale. Il sait que son retour en grâce ne peut passer que par de bonnes performances en club. Début de la transformation...

D'abord, nouveau surnom : Sébastien devient *Seabass* (« loup de mer »). Puis, nouveau look : ses cheveux ras poussent, et la barbe de trois jours soigneusement entretenue laisse place à une pilosité plus fournie... Aux Sharks de Sale, le Français dope son côté animal.

Ensuite, sur le plan du jeu, il se fait une réputation grâce à ses solides qualités défensives. Alors que Sébastien a toujours joué à l'aile avec Bourgoin, Saint-André, le coach des Sharks, le repositionne en numéro 8, au centre de la troisième ligne, au début du championnat. Chabal retrouve alors les Bleus, mais épisodiquement, jusqu'à ce que le peuple s'empare de l'histoire...

Juin 2007 : la tournée française en Nouvelle-Zélande tombe au moment des demi-finales du Championnat de France. Forcé de se passer de ses cadres, Bernard Laporte constitue une équipe B avec des anonymes : 103 points encaissés en deux matchs ! Les bleus (au sens figuré) sont de la « chair à canon ». Tous sauf un, qui va faire de deux Blacks (Chris Masoe et Ali Williams, mâchoire cassée) de la chair à pâtée. Deux plaquages aussi soudains que puissants... Chabal, cheveux hirsutes et barbe de Robinson, devient *Caveman*.

En France, la « Chabalmania » est lancée. L'introverti fait bientôt la tournée des talk-shows, devenant en quelque sorte une « bête de foire » pour les profanes... Bernard Laporte, sous la pression populaire, n'aura d'autre choix que de le prendre, au détriment, dit-on, de Pascal Papé. Pari réussi pour *Seabass !*

RUGBY
WORLD CUP
2007
COUPE DU MONDE 2007

2007
XV de France

Rendez-vous Môquet

7 septembre 2007, Stade de France : premier match du XV de France dans « sa » Coupe du monde. Jean-Baptiste Élissalde et les Bleus s'écroulent face aux Argentins…

« Je lui dirai les mots bleus / Les mots qu'on dit avec les yeux »… Des mots bleus qui vont devenir des maux bleus pour le début de la Coupe du monde 2007… C'est presque un lieu commun : il ne faut surtout pas manquer le premier match de ce genre de compétition; c'est celui qui donne le « la » et lance le groupe dans une dynamique. C'est deux fois plus vrai pour le XV de France, qui joue à domicile le Mondial 2007, avec l'opportunité d'embarquer son public dans l'ivresse.

Hélas, le rendez-vous est manqué. Maillot bleu foncé enfoncé par les ciel et blanc argentins. Onze semaines de préparation musclée, accompagnées de quelques psychodrames… Pourquoi Chabal à la place de Papé, pourquoi réserver une place à Marconnet qui s'est fracturé le tibia à ski, en mars, pourquoi Pelous perd-il son brassard au profit d'Ibañez ? Etc. Ajoutons la pression du peuple, des médias et même de l'Élysée! Nicolas Sarkozy est dans ses cent jours, il doit marquer les esprits et glaner les succès. Fin juillet, le président vient déjeuner avec les joueurs et livre un speech *punchy* : « Vous allez vivre des moments magiques, il faut en profiter à plein. Parce que c'est pas tout le monde qui joue une Coupe du monde. Au fond, il faut être très concentré et très décontracté […], il y aura 64 millions de gens derrière vous, et, ça, il faudra pas l'oublier. » Commentaire de Fabien Pelous : « C'est ce qui nous rappelle la pression du résultat. »

Mais c'est un autre fait politique qui va déstabiliser le groupe. Sarkozy, pendant sa campagne, avait promis que la lettre de Guy Môquet serait lue une fois par an dans les lycées français. Laporte, promis au poste de secrétaire d'État aux Sports après la Coupe du monde, a cru bon de la faire lire lors de sa causerie devant les joueurs. C'est à Clément Poitrenaud, non retenu pour cette première rencontre, qu'il confie cette tâche.

Résultat : devant l'enjeu et la surcharge d'émotion, certains joueurs s'écroulent à quelques heures du match. Sur la pelouse, ils seront fantomatiques. Défaite 17-12. Le lendemain, la presse mondiale s'est moquée avec délice des Français. Mauvaise idée, monsieur Laporte…

Des pieds d'artiste

Frédéric Michalak, 71 sélections en équipe de France depuis 2001.

2007
Frédéric Michalak

Nous avions, pour une fois, envie d'arrêter le temps. Le temps de vous parler d'un geste, le geste parfait, juste et décisif. Comme la reprise de volée de Zidane contre le Bayer Leverkusen en finale de la Ligue des champions 2002, comme la percée de Pirès en finale de l'Euro 2000 pour délivrer un caviar à Wiltord.

De caviar, avec lui, il en est question... Lui, c'est Frédéric Michalak, demi de mêlée ou demi d'ouverture au gré de ses entraîneurs... Grand international (71 sélections et 377 points). Comme Richard Gasquet au tennis : jeune pépite, du talent, mais, diantre, quelle irrégularité au plus haut niveau ! Certainement la faute à une carrière amputée par des blessures à répétition. Manque de compétition, et, forcément, la concurrence qui relègue vos espoirs sur le banc...

Focus sur la Coupe du monde 2007. Histoire d'un geste qui confirmera que Michalak est bien un joueur hors norme. De retour de blessure, il dispute la place de numéro 10 à Skrela, qui va à son tour se blesser lors de la piteuse défaite contre l'Argentine. Opportunité en or pour Fred, titulaire au deuxième match contre la Namibie (score fleuve, 87-10), puis face à l'Irlande.

La suite est racontée par Bernard Viviès, l'entraîneur adjoint du XV de France et fervent partisan de Michalak : « Michalak n'est ni Wilkinson ni Carter, mais il a du talent et de la vitesse. [...] En première mi-temps, des coups de pied plus que quelconques, mais il a été capable ensuite d'un coup de génie. »

Et ce coup de génie est intervenu à la cinquante-neuvième minute. Mêlée fermée à droite dans le camp irlandais. Jean-Baptiste Élissalde sort le ballon et recentre vers Michalak. Extralucidité du français, qui, d'un coup de pied millimétré (frappé avec l'extérieur), envoie le ballon dans le « fermé » des 22 mètres irlandais. Un rebond idéal permet à Vincent Clerc de récupérer confortablement le ballon et de marquer. La France décolle vers les quarts de finale, et Frédéric devient une icône que des sponsors vont s'arracher. Quick, Le Coq sportif, Sofinco... Éphèbe marqueur de points, mannequin dénudé, le dieu du stade Michalak joue le jeu, celui des marques...

6 octobre 2007, Cardiff : les bleu, blanc, rouge défient les All Blacks.

2007
XV de France

Haka de force majeure

Le haka, chant des combattants pour implorer le dieu de la Guerre avant de partir à la bataille. Un chant qui raconterait les angoisses et le soulagement de Te Rauparaha, chef maori qui s'était caché dans un fossé pour échapper à l'ennemi.

Cardiff, 6 octobre 2007, quarts de finale de la Coupe du monde. Les All Blacks en scène face au XV de France. Pupilles dilatées, jugulaires à fleur de peau. Fauves assoiffés de sang. En transe, ils hurlent leur haka pour pétrifier leur proie.

L'occasion pour les Bleus de « rentrer dans leur match ». Alors, Serge Betsen veut montrer à ces monstres sacrés du rugby que les Français ne sont pas impressionnés et qu'ils préparent un coup. « On voulait s'approprier le stade, on ne voulait pas les laisser tirer en premier », raconte Ibañez, le capitaine.

Après les hymnes, les Bleus enlèvent leurs survêtements et dévoilent leurs tee-shirts, qui forment une ligne bleu, blanc, rouge. La ligne Maginot ! Chabal et le XV de France, bras dessus, bras dessous, sont à 2 mètres des Blacks et, d'un pied sur l'autre, font danser leur muraille. L'orgueil du coq, cette propension typiquement française à la rébellion...

D'autres générations ont eu du répondant face à la transe « néo-zéd ». En finale de la Coupe du monde 2011, le XV de France forme un « v » et passera à un cheveu de la victoire. En Irlande, en 1989, c'est Willie Anderson, le capitaine du XV du Trèfle, qui termine front contre front avec le capitaine des Blacks, Buck Shelford.

Depuis 2005, parce que leur haka a été sifflé par le public sud-africain lors d'un test-match, les Blacks exécutent le *Kapa o Pango,* un haka plus guerrier lors duquel ils miment l'égorgement de l'adversaire.

En 2006, autre match, autre psychodrame : heurtés par la volonté des Gallois de jouer un hymne pour répondre au haka, les Blacks font leur chant dans le vestiaire ! Richie McCaw, leur capitaine, se défend : « Le haka n'est pas du folklore pour nous. Il fait partie de notre préparation psychologique et spirituelle. » On ne badine pas avec les traditions, et ça, les Français sont bien placés pour le savoir !

Grimaces et simulacres guerriers pour les Néo-Zélandais.

Ka mate

Frappez des mains sur les cuisses
Que vos poitrines soufflent
Pliez les genoux
Laissez vos hanches suivre le rythme
Frappez des pieds aussi fort que vous pouvez
C'est la mort ! C'est la mort !
C'est la vie ! C'est la vie !
Voici l'homme poilu
Qui est allé chercher le soleil et l'a fait briller
Faites face ! Faites face en rang
Soyez solides et rapides
Devant le soleil qui brille
Hi !

Kapa o Pango

(chanté depuis 2005)

Laissez-nous nous unir avec notre terre !
Laissez-nous !
C'est notre terre qui gronde
La nôtre, la nôtre oui !
Nous sommes les All Blacks !
Oui, nous le sommes, le sommes, oui !
Il est temps !
C'est mon moment !
Notre règne,
Notre suprématie triomphera
Et nous atteindrons le sommet !
La fougère argentée !
Nous sommes les All Blacks !
La fougère argentée !
Nous sommes les All Blacks !

2010
ASM Clermont-Auvergne

La fin d'une malédiction ?

29 mai 2010, Stade de France : les Clermontois remportent enfin le Bouclier de Brennus.

Quatre-vingt-dix-neuf ans, la durée d'un bail emphytéotique, ce contrat qui confère au locataire d'un bien immobilier la quasi-totalité des droits de propriété. Quatre-vingt-dix-neuf ans, la durée, aussi, de la stérilité de l'ASM dans le Championnat de France... Un sacré bail pour les Bibendum en maillot jaune et bleu. Une malédiction ?

L'ASM, un club qui a plusieurs fois changé de nom. À sa création en 1911, c'est ASM, comme « Association sportive Michelin », un club d'entreprise créé par Marcel Michelin et composé de trois sections : le cross, le football et le rugby. Des sections auxquelles bientôt vont s'ajouter l'escrime, le cyclisme, le tennis, le boulisme...

En 1922, intimée par l'USFSA (Union des sociétés françaises de sports athlétiques) de respecter la loi fédérale antipublicitaire, l'ASM devient l'« Association sportive montferrandaise ». Enfin, en 2004, elle est baptisée « ASM Clermont-Auvergne ».

Le club, qui a atteint l'élite en 1926, va perdre dix finales de rang entre 1936 et 2009 ! La onzième sera la bonne...

Samedi 29 mai 2010, finale du Championnat de France. Le Stade de France accueille pour la deuxième année consécutive Perpignan et Montferrand. C'est la quatrième année de suite que l'ASM foule la pelouse à ce stade ultime de la compétition. L'occasion de prendre une revanche sur la finale de 2009, perdue 22-13.

Lassés de ne jamais gagner, les Auvergnats ne seront pas avares de leurs efforts, quitte à jouer l'agressivité défensive et la provocation face à des Catalans trop fébriles et approximatifs pour espérer réaliser un doublé.

L'ASM, qui monopolise le ballon, va vite mener 10-0 à la suite d'une pénalité de Parra et d'un essai de Nalaga après une belle percée de Rougerie. Deux pénalités de Porical maintiennent l'USAP dans le match à la mi-temps : 7 points de retard, 13-6. Mais, à la soixante-neuvième minute, Floch plante un drop de 50 mètres qui éteint les espoirs catalans... 19-6, score final.

L'Auvergne, volcanique, vient de remporter sa plus belle victoire depuis celle de Gergovie en... – 52. Deux mille ans d'histoire, quatre-vingt-dix-neuf ans de malédiction...

2011
Craig Joubert

Deux poids, deux mesures ?

23 octobre 2011, Auckland, finale de la Coupe du monde. Craig Joubert siffle la fin du match.

« Ce soir on a joué à seize contre quinze... On savait qu'il [Craig Joubert] ne laissait rien passer. Il nous a rien laissé passer alors qu'il a été beaucoup plus cool avec eux. » Dimitri Szarzewski.

Ce soir-là, 23 octobre 2011, pour sa troisième finale de Coupe du monde, la France affronte la Nouvelle-Zélande chez elle, sur son terrain, l'Eden Park d'Auckland. Dans les rangs des Bleus, celui qui sera désigné « meilleur joueur du monde » (Thierry Dusautoir). Du côté des Blacks, l'homme du match : Craig Joubert, l'arbitre sud-africain... Oui, vous avez bien lu...

Le XV de France, porté par les colères et la moustache naissante de Marc Lièvremont, est presque favori. Mais M. Joubert va en décider autrement, avec des prises de position pour le moins litigieuses... Dans une émission d'après-match sur la chaîne irlandaise Setanta, Neil Francis (ancien deuxième ligne international irlandais) et Matt Williams (ex-sélectionneur de l'équipe d'Écosse) affirment que « les Blacks ont gagné la Coupe du monde sur la base d'absence de décisions arbitrales ». Traduction : les Néo-Zélandais ont eu le champ libre pour casser le jeu et bousculer les Français sans être sanctionnés. Et, pour le coup, tout y est passé. Un sacré florilège : violence volontaire sur Morgan Parra, plaquage sans ballon, plaquage haut, obstruction en touche avant l'essai des Blacks, jeu au sol, talonnage à la main, hors-jeu, entrée dans un regroupement par le côté, écroulement de mêlée... Les Blacks ne seront quasi jamais sanctionnés. Et ce sont les Français, pour quelques rares fautes, qui seront pénalisés ! Un comble !

Synthèse de Matt Williams : « L'arbitre n'a pas arbitré équitablement. Il n'a pas appliqué les mêmes règles aux deux équipes. » Et Neil Francis de renchérir : « Je pense que Paddy O'Brien [le président néo-zélandais de l'IRB, qui a désigné l'arbitre] a fait tout ce qu'il fallait pour que l'arbitrage soit bienveillant à l'égard de son équipe. » Des mots durs, des accusations graves, mais qui confortent hélas la France entière dans le sentiment d'avoir été volée.

L'idole et la prière

2014
Jonny Wilkinson

« Wilko » et sa fameuse posture : concentration « sacrée ».

C'est sans doute, avec Jonah Lomu, la plus grande star de l'Ovalie. Un palmarès impressionnant, quatre Tournois des Six Nations et une Coupe du monde offerte à l'Angleterre, notamment. Un être à part, instruit et humble, « le gendre idéal », selon Bernard Laporte, son dernier entraîneur. Un infatigable travailleur, un perfectionniste obsessionnel. « Tous les grands champions sont obsessionnels », dit Wilkinson.

Pourtant, gamin, Jonny était sujet au stress. À sept ans, il lui arrivait de vomir au bord de la route quand son père le conduisait à l'entraînement. Seul remède contre ce stress : le travail. Comme Jean-Pierre Papin, avant-centre de l'équipe de France et de Marseille, qui bossait inlassablement à l'OM ses reprises de volée dans toutes les positions, le demi d'ouverture anglais passe des heures avec ses sacs de ballons en s'inventant des cibles ; viser, botter, échouer, recommencer, réussir...

On retiendra de lui cette posture caractéristique quasi mystique, jambes mi-fléchies, le buste droit, les mains jointes, comme pour prier. Une posture trouvée en 2001 lorsque Dave Alred, son entraîneur, voulait lui faire travailler son tir lointain. « Au moment de viser le milieu des poteaux, mon entraîneur me demande d'adopter une position grâce à laquelle je me sentirais vraiment supérieur. Il ne m'explique pas comment la trouver, mais je note que, plus je me concentre, plus mes mains ont tendance à se rapprocher l'une de l'autre. Avec les mains jointes, je réussis à faire tomber la pression. Je n'entends plus le bourdonnement des tribunes. »

Jonny fait de son jeu au pied un art dont il atteint le sommet en 2003, lorsque, d'un drop, en prolongations, il conquiert le titre mondial face à l'Australie. Anobli par la reine et élu joueur de cette année-là, sir Jonny tangue, pourtant. Trois années de blessures, l'appel du vide... Mais la découverte du bouddhisme le maintient à flot. Et, en 2009, Mourad Boudjellal l'attire à Toulon, où Wilkinson relance sa carrière en s'offrant deux sacres européens. Il tire sa révérence le 31 mai 2014 avec le titre de champion de France et un vibrant hommage du public. L'heure pour le mystique Jonny d'archiver son chef-d'œuvre et d'envisager autre chose.

2014
XV de France féminin

Un engouement éphémère

13 août 2014, stade Jean-Bouin : Caroline Ladagnous et les Bleues échouent aux portes de la finale de la Coupe du monde face aux Canadiennes.

Nous sommes au milieu de l'été 2014... Un Tour de France renversant, avec deux Français sur le podium ; bientôt les Championnats d'Europe d'athlétisme, avec le record du monde de Yohann Diniz sur 50 kilomètres marche... Et une formidable aventure, celle du XV de France féminin, nous aidera à oublier une tournée cauchemardesque des garçons en Australie... Cinquième podium mondial pour les filles, après 1991, 1994, 2002 et 2006.

La Coupe du monde 2014, diffusée dans cent vingt pays, plus de deux millions de téléspectateurs sur France 4... Gros coup de projecteur sur un sport, pardon pour l'expression, très « anonyme », mais méritant... Imaginez qu'en 1972 Marceau Crespin, alors secrétaire d'État aux Sports, déconseillait, dans une circulaire, la pratique du rugby féminin ! À l'époque gouvernée par une association, cette pratique restait embryonnaire. D'ailleurs, une anecdote cocasse illustre la différence de moyens par rapport aux garçons : pour leur premier match international, face aux Pays-Bas, les filles avaient dû coudre l'écusson tricolore sur des maillots « gracieusement » offerts par la FFR !

Aujourd'hui, elles sont devenues des sportives de haut niveau, mais elles conservent un statut amateur... Pratiquer leur sport est un combat quotidien. Dans le XV de France en lice pour cette Coupe du monde, sept joueuses sont encore étudiantes. Les dix-neuf autres travaillent dans l'armée ou à La Poste, sont profs d'EPS ou ambulancières... Elles doivent prendre des congés exceptionnels. Leur rétribution : 129 euros de défraiement journalier lors des grandes compétitions, et 77 euros lors des stages de préparation.

Vous l'avez compris, les filles jouent par amour du rugby. Pour la gloire ? Très peu, en fait... Avant les finales au stade Jean-Bouin, les matchs de poules se sont déroulés sur les terrains d'entraînement du XV de France, à Marcoussis ! Et, pour les Bleues, trois victoires : pays de Galles (26-0), Afrique du Sud (55-3) et Australie (17-3), avant de buter en demies contre le Canada. Nouvel échec aux portes de la finale, pour 2 points seulement... Après les vertiges du succès, déjà l'abîme du retour à l'anonymat... L'intérêt du public, très volatil, se focalise aussi vite qu'il se disperse...

2 VESTIAIRES

Rugby

1823
William Webb Ellis

La statue de William Webb Ellis, l'inventeur du rugby.

Rugby : ville du centre de l'Angleterre, située dans le Warwickshire, sur la rivière Avon, à 300 kilomètres de Londres... Le petit bourg commerçant du Moyen Âge devient vite un centre industriel important avec l'arrivée du chemin de fer dans les années 1840... Mais c'est surtout la Rugby School qui a marqué l'histoire de la ville et du sport. Fondée en 1567, grâce à l'héritage d'un épicier, cette école locale va devenir une *public school*. C'est là qu'un jour de 1823 William Webb Ellis, jouant au ballon avec d'autres étudiants sur le *Big Side* (le grand terrain), eut l'inspiration audacieuse, folle mais géniale, de prendre le ballon à la main pour aller le porter dans le camp adverse.

Petits pas sur un gazon anglais, grand pas pour l'histoire du sport : aujourd'hui, Rugby est connue du monde entier, et son sport est pratiqué partout sur le globe.

Histoire vraie ? Légende ? Simple blague d'étudiants en goguette (on buvait beaucoup, à l'époque, dans les collèges) ? Une réunion très officielle d'anciens élèves décréta, soixante-douze ans après ce geste fondateur, que le dénommé Ellis était bien le créateur du jeu de rugby. Reconnaissance éternelle ! William Webb Ellis, ballon sous le bras (une statue le représentant trône depuis 1997 devant la prestigieuse Rugby School) provoque sans doute, sans le vouloir, le début du grand divorce avec le football, déjà en vogue à l'époque...

Ce nouveau jeu va devoir grandir, se régenter, se discipliner. Et, si les premières règles sont édictées par trois pupilles du collège de Rugby en 1846 – avec, entre autres, la notion de hors-jeu –, il faudra attendre près de trente ans (1871) pour que ce sport, créé par dissidence fortuite avec le football, fonde sa fédération, la Rugby Football Union, puis codifie son jeu.

Cette même année 1871, en mars, se déroule à Édimbourg la première rencontre internationale entre l'Angleterre et l'Écosse. Mais l'indiscipline règne, il y a autant de jeu que de palabres et d'embrouilles. L'Écosse, qui, apparemment, contesta le moins, gagna le match : l'esprit du rugby, déjà !

1835 William Gilbert

Ovale

C'est ici, sur le terrain de la prestigieuse Rugby School, que sont nés le rugby et son fameux ballon ovale.

Ovale : adjectif, du latin *ovum* (« œuf »). Qui a plus ou moins la forme d'un œuf, à la fois allongé et arrondi. Ovale, forme suprême et définitive du jeu de rugby. Évidemment, il y a aussi le football américain, et celui d'Australie, mais il faut bien avouer que le royaume de l'Ovalie rime pour tout jamais avec rugby.

Alors, question à 7 points (essai + transformation) : pourquoi le ballon de rugby est-il ovale ? Réponse simple et honnête : personne ne le sait vraiment, même si plusieurs histoires tentent d'établir une vérité.

La version la plus légendaire date de l'invention de ce sport ; 1823, collège de Rugby : William Webb Ellis, jouant au football, prend le ballon à la main et va le porter dans le but adverse. Il le serre si fort contre son torse que le ballon se déforme. On voit l'image comme une séquence au ralenti du film *Les Chariots de feu*. Un rêve.

Plus historique, maintenant. Le ballon de rugby aurait hérité sa forme de la soule, pratique venue du Moyen Âge où des villageois (plus d'une centaine) se disputaient une balle faite d'une vessie de porc, parfois emplie de paille ou de foin.

Enfin, troisième explication, plus pragmatique et certainement plus proche de la vérité : si le nom « Ellis » est lié pour toujours au rugby, « Gilbert » reste dans l'histoire comme celui du créateur du fameux ballon ovale.

William Gilbert, un cordonnier établi rue St. Matthews, c'est-à-dire à quelques centaines de yards du fameux collège où étudie Ellis... Les étudiants viennent habituellement chez lui pour acheter souliers et ballons. Les joueurs de rugby aiment ses ballons, Gilbert aime leur nouveau sport. Alors, en 1835, il crée une balle plus facile à serrer contre la poitrine. Médaillée d'argent à l'Exposition universelle de Londres en 1862, cette forme ovale devra quand même attendre 1892 pour être définitivement adoptée.

Depuis, un million de ballons Gilbert sont fabriqués chaque année, pour un chiffre d'affaires de 30 millions d'euros. Le cuir des débuts est devenu PVC pour résister à la pluie et à la boue.

1871
Rugby Football Union

Des avocats au service des lois... du jeu

27 mars 1871, Édimbourg : premier match international, entre l'Écosse et l'Angleterre.

« Huit joueurs forts et actifs, deux légers et rusés, quatre grands et rapides et un dernier, modèle de flegme et de sang-froid. C'est la proportion idéale entre les hommes », écrivait si justement et si joliment Jean Giraudoux...

Voilà pour les joueurs, place au jeu, maintenant, et surtout à ses règles. Une fois le geste de folie de William Webb Ellis reconnu et accepté (au cours d'une partie de football, dans son collège de Rugby, l'étudiant se saisit du ballon à la main pour aller le porter dans le but adverse !), il fallut inventer les règles du sport qu'il avait créé. Règles d'autant plus indispensables que ce « football » joué à Rugby était de plus en plus pratiqué. Le grand directeur du collège de la ville, Thomas Arnold, encourage cette pratique : « Je préfère que mes élèves jouent vigoureusement au football plutôt qu'ils boivent, se saoulent ou se battent dans les tavernes de la ville. Le sport est un antidote à l'immoralité et une cure contre l'indiscipline », rapporte Henri Garcia dans sa *Fabuleuse Histoire*...

Alors, on joue... Violemment, au début : coups de poing, coups de pied, crocs-en-jambe... Très vite, tout le monde est d'accord : il faut calmer le jeu et édicter de véritables nouvelles règles pour ce football à la main.

Le 7 septembre 1846, une assemblée solennelle publie les trente-sept points fondateurs du rugby moderne, qui indiquent par exemple que l'on peut prendre le ballon à la main, mais aussi, plus cocasse, qu'il est interdit de se positionner sur les barres transversales des buts pour empêcher le ballon de passer !

Vingt-cinq ans plus tard, le 26 janvier 1871, vingt clubs se réunissent à Londres, dans le quartier de Charing Cross, au Pall Mall Restaurant. Ils décident de créer la Rugby Football Union et chargent trois anciens élèves du fameux collège de Rugby (tous les trois sont avocats) de rédiger les cinquante-neuf nouvelles lois qui devaient faire de la pratique du rugby ce qu'elle est aujourd'hui (hors-jeu, transformation des essais, touche...). Ces fins connaisseurs, ces pères fondateurs du rugby, bannissent surtout les crocs-en-jambe au profit des tenus (ancêtres des plaquages). L'un d'entre eux savait parfaitement ce dont il parlait : il venait de se faire casser la jambe au cours d'un match !

Coup de sifflet

1885

M. Attack

Gravure d'une partie de rugby, fin du XIXe siècle. La tâche de l'homme en noir n'est pas évidente…

Si, au football, l'arbitre est cloué au pilori à la moindre erreur, au rugby, fin connaisseur des règles, il fait partie du jeu pour en être le plus fervent défenseur. Presque son animateur…

Aujourd'hui, l'arbitre n'est plus seul : grâce à la vidéo, il prend le temps nécessaire pour valider un essai; avec son micro et son oreillette, il communique avec ses juges de ligne, qui ont gagné en responsabilités. Mieux encore, avec intelligence, l'arbitre prévient les joueurs, leur explique tout, les fautes, les décisions… À la différence des autorités du football (et de Platini en particulier), réticentes à la vidéo malgré la preuve de son utilité, le rugby a su faire sa mue.

Il y eut pourtant du retard à l'allumage… En 1860, presque quarante ans après l'invention de ce sport, ce sont encore les capitaines qui prennent en main l'organisation du match. Ils décident du nombre de joueurs, de la durée de la partie et même des règles, car, à l'époque, celles-ci varient d'un club à l'autre. En 1869, à Marlborough, on confie la direction du jeu à deux volontaires choisis par les capitaines dans le public et qui doivent prendre chaque décision unanimement. On les appelle *umpires*.

Mais les dérives et les embrouilles se multiplient jusqu'à ce que, lors d'un match en 1884, un litige entre l'Écosse et l'Angleterre confirme le besoin d'un tiers neutre : l'International Board est alors fondé pour juger en coulisses; sur le terrain, il associe un arbitre aux *umpires*. En 1893, l'arbitre acquiert la dimension qu'on lui connaît aujourd'hui, émancipé des capitaines, avec une autorité totale sur le déroulement du match.

Petite anecdote loin d'être anodine : vous savez peut-être qu'au football américain, les « zèbres » (les arbitres), en cas de faute, stoppent le jeu en jetant au sol le mouchoir jaune qu'ils ont dans la poche. C'est un héritage du rugby! Seulement, le rugby a évolué… par l'intermédiaire, selon la légende, de M. Attack. Cet arbitre néo-zélandais, ancien joueur et chasseur, constatant que personne ne prêtait attention à son mouchoir jaune et pour éviter l'aphonie, aurait fait usage de son sifflet de chasse lors d'un match à Auckland entre Takapuna et North Shore!

1892

Le Bouclier de Brennus

Le bout de bois

Le fameux Bouclier, Graal du Championnat de France.

Il est vieux, il est lourd, il est moche, mais il est vraiment merveilleux, ce Bouclier de Brennus, récompense traditionnelle pour le club champion de France de rugby depuis 1892… Qui touche ce drôle de « bout de bois » (le surnom de ce trophée) est certain d'avoir obtenu le Graal ! Bonheur absolu, émotion accompagnée parfois, comme l'écrivait Churchill à propos d'un autre sujet, de *blood, sweat and tears* (« de sang, de sueur et de larmes »). Drôle de trophée, drôle d'histoire pour ce Bouclier…

Retour en arrière : 1892, deux clubs seulement se disputent le premier championnat de rugby, le Racing et le Stade Français. Sur la pelouse de Bagatelle, la finale oppose donc ces deux équipes : bleu et blanc d'un côté, bleu et rouge de l'autre, avec, au milieu, pour arbitrer, un homme qui va marquer l'histoire du sport, le baron Pierre de Coubertin… Vous lisez bien : Coubertin, arbitre de rugby ! Et bienfaiteur, en plus, car c'est lui qui va offrir le trophée au club vainqueur, en l'occurrence le Racing (4-3).

Explication, avec quelques détails étonnants : d'abord, Pierre de Coubertin, président de l'Union des sociétés françaises de sports athlétiques, chargée de l'organisation du Championnat de France, a dessiné lui-même le trophée. Un magnifique bouclier rond damasquiné avec, au centre, deux anneaux et une devise, *Ludus pro patria* (« des jeux pour la patrie »). Le tout est monté sur un cadre de peluche rouge… Magnifique, non ? Charles Brennus, président du SCUF (Sporting Club universitaire de France) et graveur de son métier, s'est occupé du reste…

Du Racing en 1892 au RC Toulon en 2014, en passant par le Stade Toulousain, qui l'a reçu dix-neuf fois, le fameux Bouclier a souvent souffert lors de la remise officielle, et encore plus pendant les troisièmes mi-temps.

Le bois a été rénové en 1990, et l'objet a carrément été changé en 2004, car on avait oublié de graver un titre de l'USAP sur la nouvelle version du « bout de bois »…

Club le plus titré de l'Hexag

Black is black

1905
All
Blacks

1905 : les invincibles All Blacks posent pour l'éternité...

Pendant longtemps, le football, cela a été le Brésil. Le ski alpin, l'Autriche. Le ski de fond, la Norvège. Le judo, le Japon. Et la pétanque, la France (sourire...). Pour le rugby, passé, présent et futur, pas une hésitation, une seule adresse, une seule référence absolue : les All Blacks de Nouvelle-Zélande.

Petit pays d'Océanie (270 000 kilomètres carrés, 4,471 millions d'habitants) essentiellement composé de deux îles, la Nouvelle-Zélande (*Aotearoa* en maori) se situe à environ 2 000 kilomètres de l'Australie. Petit pays et grands champions. Parmi les meilleurs du monde en cricket et en voile, les Néo-Zélandais règnent sur les compétitions du rugby à XV depuis le début du XXe siècle.

Année 1905, début de leur première tournée officielle en Europe : un véritable triomphe, trente et une victoires en trente-deux matchs. Le 1er janvier 1906, l'équipe emmenée par son vaillant capitaine Dave Gallaher domine les Français au Parc des Princes, 38-8. La pluie et la boue n'ont même pas gêné les joueurs du bout du monde. Puissance, adresse, virtuosité... et, surtout, une envie permanente de faire circuler le ballon. Une priorité toujours d'actualité. En fait, la véritable recette magique des Blacks consiste à faire vivre la balle.

Légende ou réalité, on raconte que John Buttery, journaliste au *Daily Mail* et impressionné par le jeu des Néo-Zélandais, aurait écrit : *They are all backs* (« Ils sont tous arrières ») ! Faute de frappe ou jugement subtil en voyant la photographie officielle de ceux qui venaient d'écraser les Britanniques, une rectification s'imposait, il fallait ajouter un « l » à la légende : shorts noirs, bas noirs et maillots noirs, les Néo-Zélandais étaient bien, dès 1905 et pour toujours, les All Blacks... La branche de fougère (une des plantes les plus répandues dans leurs îles), argentée ou blanche, qu'ils portent sur le cœur, ne change rien à l'affaire. Comme dans la chanson, noir, c'est noir !

Du Manoir au ciel

1928

Yves du Manoir

Yves du Manoir (à gauche), 8 sélections en équipe de France (1925-1927).

Vaucresson, 11 août 1904, madame Jeanne Compte de Tallobre et monsieur le vicomte Le Pelley Dumanoir ont la joie de vous annoncer la naissance du petit Yves, cinquième garçon d'une famille de dix enfants. Un jeune aristocrate béni des dieux. « Yves faisait partie de ces êtres d'exception, auxquels les fées, après avoir été trop généreuses, retirent tragiquement toutes les faveurs », écrit son grand frère.

En effet, la vie d'Yves, élève brillant (bac à quinze ans, Polytechnique à vingt) et sportif de haut niveau, s'arrêtera brutalement à vingt-quatre ans dans un accident d'avion. Jamais l'expression *mens sana in corpore sano* n'a été mieux illustrée que par Yves du Manoir : 1, 70 m, 70 kilos, une morphologie d'athlète, une tête bien faite enveloppée d'une modestie à toute épreuve et d'une énergie sans faille.

Il découvre le rugby pendant ses études et s'inscrit au Racing Club de France. Comme pour tout, il est doué, surdoué, même. Capable de jouer et de briller avec toutes les lignes arrière... Le 4 novembre 1923, le Racing joue contre Toulouse. Il manque un demi d'ouverture. Yves est en train de jouer sur le terrain d'à côté. Il est choisi, joue en première... Puis il enchaîne les grands matchs. Il est même désigné meilleur joueur des Bleus dès sa première sélection dans le XV de France, contre l'Irlande, à Colombes, en 1925 ! Le jeune aristocrate polytechnicien, demi d'ouverture de talent, sera sélectionné huit fois dans l'équipe tricolore.

Parallèlement à cette brillante carrière de rugbyman, Yves poursuit sa formation pour obtenir son brevet de pilote. Le 2 janvier 1928, malgré une mauvaise météo, il décolle au-dessus du département de l'Indre avec son Caudron 59. En cherchant des repères, il touche des arbres, et son avion s'écrase. Il meurt le jour où la France rencontre l'Écosse, au stade de Colombes : 50 000 spectateurs hurlent son nom, ne sachant pas que leur héros vient de mourir... Destin !

Un challenge portera son nom, le stade de Colombes aussi, ainsi que des milliers de rues dans des villes de France, à commencer par Vaucresson, où il est né.

De bric et de broc

1933
USA Perpignan

9 avril 2011, Barcelone : Damien Chouly et les Perpignanais se qualifient pour les demi-finales de la Coupe d'Europe. Leur maillot « Arlequin » est un hommage à l'histoire de l'USAP.

Dans le rugby comme dans le football, les maillots sont devenus de véritables produits de marketing : à domicile, à l'extérieur, en Coupe d'Europe... Quand la télé était en noir et blanc, c'était pratique, pour distinguer les équipes : une claire, l'autre foncée... Des rayures, éventuellement. Depuis que le sport est devenu business, les équipementiers redoublent de créativité, et les prix gonflent : 80 euros pour le maillot du champion de France de rugby 2014 (le RCT), 120 euros (dans le foot) pour celui du PSG !

Mais le maillot, peu importent la couleur ou les dessins, c'est d'abord une histoire de valeurs, une histoire d'identité. Et d'identité, il en est question lorsque l'on parle des Catalans de Perpignan... Sept fois champions de France et neuf fois vice-champions. Identité régionale, cohabitation locale, aussi.

Dans la cité des Pyrénées orientales des années 1920, deux clubs majeurs : l'USP (Union sportive perpignanaise), au sommet du rugby français (trois finales d'affilée de 1924 à 1926, dont un titre en 1925), et les Arlequins (ou *Quins*, en catalan), qui jouent la finale de deuxième division avant d'accéder à l'élite en 1927. Le nom « Arlequins » vient de ce que le club était très pauvre et que les joueurs, propriétaires de leurs maillots, devaient les rapiécer avec des morceaux de tissu, parfois différents, lorsque le vêtement était déchiré (ce qui arrive fréquemment au rugby)... D'où une ressemblance avec le costume d'Arlequin.

Les deux clubs vont s'affronter dans des derbys féroces, entre « ennemis ». Des batailles virulentes, comme ce match de 1927 où l'arbitre devra sortir dix joueurs, cinq de chaque côté... Période sombre du rugby perpignanais, à la suite de quoi les dirigeants des deux clubs décident de fusionner en 1933. Imaginez, en foot, une fusion entre l'Inter et l'AC Milan... C'est ainsi que naît l'Union sportive arlequins perpignanais.

En 2010, au lendemain de ce qui sera le dernier titre national du club catalan, retour aux origines et idée marketing pour vendre des maillots : Jean-Pierre Ciriani, responsable des boutiques de l'USAP, lance, avec le concours de la marque Errea, un maillot collector aux couleurs d'Arlequin !

L'ailier révolutionnaire

1942

Che Guevara

1953 : Ernesto Guevara pose avec son équipe de l'Atalaya Polo Club.

Ernesto Guevara, dit le « Che », né le 14 juin 1928 à Rosario (Argentine), mort le 9 octobre 1967 en Bolivie. Trente-neuf ans d'une vie particulièrement bien remplie : étudiant, médecin, homme politique, théoricien marxiste, révolutionnaire, diplomate et... rugbyman !

Le « Che », pour beaucoup d'entre nous, c'est ce portrait romanesque d'une intensité remarquable réalisé par Jim Fitzpatrick à partir de la fameuse photo d'Alberto Korda. L'icône révolutionnaire : barbe et cheveux longs, béret avec sa petite étoile : l'image même d'une idole, d'un héros moderne.

On est loin du sport ; au début de sa vie, le jeune Ernesto l'est aussi. Le futur guérillero respire mal, il est asthmatique. Son père décide d'installer toute la famille dans les environs de Córdoba, sur les hauteurs, là où l'air est plus pur pour les poumons malades. En 1942, à quatorze ans, Ernesto découvre un sport de combat et de solidarité, le rugby. Il s'engage avec le Club Estudiantes. Petit mais nerveux, il se fait vite une réputation de plaqueur féroce et brutal. Courageux, il gagne le surnom de *Fuser*, (contraction de *furibundo*, « furibond », et du nom de famille de sa mère, Serna).

De retour à Buenos Aires pour ses études de médecine, Ernesto va jouer avec San Isidro. Seulement, l'asthme le rattrape. On lui conseille d'arrêter, mais il est passionné et déterminé, déjà. Le rugby lui plaît, à l'aile ou au centre. Même à la mêlée, il prend un plaisir fou. On lui interdit de jouer. Contestataire-né, il se débrouille pour récupérer une fausse licence et s'inscrire à l'Atalaya Polo Club.

L'histoire lui fait dire : « J'aime le rugby et, devrais-je en crever, je continuerais à jouer ! » Pourtant, des études de plus en plus prenantes et son asthme l'obligent à arrêter ce sport passion. Alors, avec des copains, il crée *Tackle*, un éphémère magazine de rugby.

Légende ou réalité, on raconte que, pour sa sélection avec sa fac de médecine jouant les Jeux universitaires, Ernesto Guevara n'était pas sur le terrain. « Ernesto, il ne peut pas jouer, il fait une révolution au Panamá », aurait répondu l'un de ses amis.

1945

Jacques Chaban-Delmas

Un général à l'aile !

Jacques Chaban-Delmas, 1 sélection en équipe de France, le 28 avril 1945.

« Merci et bravo, Gérard, vous venez de me rappeler mes jeunes années, mes jambes de trente ans, et ma façon de courir ! » Jacques Chaban-Delmas s'est approché de moi dans le vestiaire du stade Jean-Bouin, le match de rugby entre parlementaires et journalistes vient de se terminer par un nul. En revanche, ce qui l'était moins, c'est mon essai de 80 mètres... Une interception près de notre ligne, une course folle et, au bout, le paradis, un essai et le joli compliment d'un grand connaisseur.

Le monde politique se souvient de la brillante carrière de « Chaban » : député de la Gironde en 1946, maire de Bordeaux en 1947, premier président de l'Assemblée nationale de la Ve République en décembre 1958, ministre ; enfin, Premier ministre de 1969 à 1972.

La légendaire émission *Les Coulisses de l'exploit* s'est chargée de nous rappeler, en 1962, que « Chaban » (à l'image en train de faire des étirements dans les couloirs de l'Assemblée) était un sportif de haut niveau !

En tennis, sous les couleurs du Racing, il est finaliste des Championnats de France de double en 1965, puis atteint, associé à Pierre Pellizza, les trente-deuxièmes de finale en double à Roland-Garros trois ans plus tard. Mais c'est en rugby que « Chaban » nous offre la belle histoire... Ailier gauche de talent, rapide et très adroit, il est d'abord titulaire au CASG et au CA Béglais... Puis, honneur suprême, il est sélectionné en équipe de France !

La guerre va se terminer dans quelques jours, des deux côtés de la Manche, on veut retrouver le pré et vite en découdre... Les Anglais acceptent une rencontre avec les Français seulement si un résistant se trouve dans le camp tricolore. Non seulement les Bleus ont une idée, mais, en plus, l'homme choisi est général... Alors, *shut up and play* : Chaban-Delmas se retrouve avec un immense plaisir dans le XV de France, entouré des meilleurs de l'époque : Prat, Moga, Soro, Dauger.

Nous sommes le 28 avril 1945, à Richemond, le temps et la pelouse sont splendides ; le score du match l'est moins : 27-6 pour l'équipe de l'Empire britannique, qui marque sept essais... Il faudra attendre l'armistice et l'année suivante, le 1er janvier 1946, pour une revanche au Parc des Princes, avec une victoire française (10-0) face aux militaires britanniques.

1947
Coupe du monde

Aux origines de la Coupe du monde

Le trophée Webb-Ellis, remis tous les quatre ans aux champions du monde.

« Rien n'arrête une idée dont le temps est venu », a écrit Victor Hugo. Comme toujours, le grand homme avait raison. L'idée d'une Coupe du monde de rugby était dans les têtes dirigeantes de l'Ovalie depuis des dizaines d'années, mais le temps a été long avant que l'on entende la sagesse hugolienne.

Cette compétition, qui rassemble tous les quatre ans les meilleures nations du monde, a été créée seulement en 1987. Avant cette date, et pendant près d'un siècle, les grandes équipes se donnaient rendez-vous pour deux sortes de confrontation (oublions les apparitions éphémères et rocambolesques du rugby aux Jeux olympiques). D'abord, il y a les très célèbres test-matchs, rencontres à haute tension entre deux nations, souvent organisées pendant la tournée d'une équipe sur un autre continent. Ensuite, il y a ce que l'on nomme le Tournoi des Six Nations depuis l'invitation de l'Italie en l'an 2000.

Il manquait une grande compétition planétaire... Très étonnamment, ce ne sont pas les Britanniques, grands maîtres des lois du jeu et de l'organisation du rugby, qui ont lancé l'idée d'une Coupe du monde, mais deux Français : Alfred Éluère, président de la Fédération française, propose dès 1947 d'organiser un tournoi mondial... Les Anglais bottent en touche. L'idée est reprise dans les années 1970 par un autre président, Albert Ferrasse, dit « Tonton ». Comme le cher Alfred, il essuie un très joli refus (en rugby, on dirait même « raffut »). « Idée complètement farfelue », déclarent les Britanniques, prétextant qu'une Coupe du monde serait dangereuse pour le rugby, qui doit rester amateur !

L'histoire, on le sait, comme un ballon ovale, a rebondi dans une autre direction... Non seulement le rugby est devenu professionnel, en 1995, mais les instances internationales ont décidé d'organiser une première Coupe du monde dès 1987... Ainsi, le 18 septembre 2015, vingt équipes avaient rendez-vous en Angleterre pour se disputer le trophée Webb-Ellis pour la huitième fois et succéder aux All Blacks, avant de se retrouver en 2019 pour une grande première au Japon.

1950
Video game

Arrêt sur image

Années 1950 : des caméras de la BBC filment une rencontre entre l'Angleterre et le pays de Galles.

Question à 100 000 euros : savez-vous quel est le premier match de l'histoire à avoir été filmé ? Dix secondes... Allez, on vous donne la réponse : il s'agit du troisième test-match entre la Nouvelle-Zélande et l'Angleterre, à Wellington. Et cela remonte à 1950 !

La National Film Unit avait demandé l'autorisation d'installer des caméras autour de la pelouse. Les deux capitaines n'avaient émis aucune objection. Au contraire, figurez-vous que les Néo-Zélandais avaient obtenu que les images leur soient projetées deux jours plus tard pour analyser le jeu des Britanniques. Les Blacks venaient d'inventer la séance vidéo !

Aujourd'hui, Jean Marc L'Hénoret, fidèle réalisateur des émissions de Gérard (notamment *Stade 2*, le Tour de France, les JO), nous raconte que, en moyenne, Canal + et France Télévisions utilisent une quinzaine de caméras pour les matchs du Top 14 et de la Coupe d'Europe. Et le dispositif peut être musclé pour les grands événements, comme lors de la Coupe du monde 2007, que Jean-Marc a eu le bonheur de réaliser pour TF1. Depuis un car-régie ultramoderne, il pilotait vingt et une caméras, dont huit ou neuf rien que pour les ralentis. Des plans larges depuis les tribunes ; des gros plans et des loupes derrière l'en-but ; depuis la ligne de touche, caméra à l'épaule, le mouvement et l'impact ; enfin, des caméras « pêcheur » suspendues à 40 mètres du sol offrent, depuis derrière les poteaux, une vision générale du jeu (des images dont les entraîneurs sont friands pour leur séances vidéo). Bilan : un barnum d'une centaine de personnes.

Côté innovations, la Louma – une grue pilotée par un cadreur – a déjà pas mal vécu. La « caméra-lièvre », sur rail, a fait ses preuves en athlétisme pour les compétitions de sprint. Depuis, des solutions encore plus immersives ont fait leur apparition : la Spidercam, d'abord, une caméra suspendue a des filins plongeant vers le jeu ; et, désormais, la Ref Cam, une caméra miniature subjective, portée à hauteur d'oreille ou sur la poitrine par l'arbitre et offrant la sensation d'être dans le match, comme dans un jeu vidéo !

Championnat de France 2014 :
une Spidercam au cœur du jeu…

Le Duc, roi des petites phrases

Amédée Domenech, 52 sélections en équipe de France (1954-1963).

1961
Amédée Domenech

Le monde du vélo a cédé depuis longtemps à la mode des surnoms : « Poupou » pour Poulidor, « Biquet » pour Robic, « le Vieux Gaulois » pour Christophe, « Spartacus » pour Cancellara, « le Blaireau » pour Hinault... Le rugby aussi adore les sobriquets : Rives est « Casque d'or »; Saint-André, « le Goret »; Chabal, *Caveman*; Roques, « le Pépé du Quercy »; Michel Crauste, « le Mongol »...

Amédée Domenech, lui, fut anobli... Peut-être pour une histoire d'amour avec une duchesse, plus sûrement pour ses qualités sur le terrain. Amédée Domenech, « le Duc », donc, grand joueur et grand personnage, spécialiste des gags et des déclarations humoristiques après match...

Notre confrère Alain Gex s'en souvient dans son bêtisier : « On jouait contre un dénommé Pelser en mêlée, même l'ami Roques avait du mal, alors je lui ai dit : "T'en fais pas, mon vieux, on change de côté, je m'en occupe." Pelser était borgne. Boum... Il est devenu aveugle... J'allais quand même pas lui acheter une canne blanche ! Quand il est tombé, je lui ai juste dit : "Bonne nuit ! *Good night, Mister Pelser !*" En anglais, bien sûr. »

Drôle de duc aux répliques teintées du génie d'Audiard... Puissant pilier, adepte du contre-pied... Exemple : 25 février 1961, sur le gazon anglais de Twickenham; « le Duc » va créer l'événement. Jean Dupuy, l'ailier de l'équipe de France, se blesse, et les remplacements, à l'époque, sont interdits. Idée de François Moncla, le capitaine des Bleus : il repositionne Domenech à l'aile...

Un pilier ailier, du jamais-vu ! Mais « le Duc » va se régaler. Les Anglais, voulant le tester, balancent chandelle sur chandelle : Domenech récupère les ballons et relance. Une merveille, la France du rugby jubile... « Le Duc » devient roi de la contre-attaque et du gag : il fait même semblant de passer le ballon au juge de touche. Les Bleus remportent le Tournoi.

Personnalité hors du commun, Amédée Domenech, joueur vedette de Brive, deviendra acteur dans *Coplan*, puis homme politique proche de Jacques Chirac, pour accéder au poste d'adjoint au maire de Paris; 52 sélections en équipe de France et des milliers de traits d'humour. À un dirigeant anglais mécontent de la pelouse, il répondra : « Vous êtes venus pour jouer ou pour brouter ? »

Le salut de Marie

Bernard Marie, arbitre national et... international.

On sait depuis longtemps que le destin d'un homme peut tenir à un fil... Plus curieux, celui de Bernard Marie (futur député des Pyrénées-Atlantiques, maire de Biarritz et papa de Michèle Alliot-Marie, ministre à plusieurs reprises), arbitre de rugby, a tenu à une fibre. La fibre musculaire du mollet gauche de l'arbitre irlandais R. W. Gilliland, qui s'est rompue pendant un match...

Histoire étonnante qui va permette à Bernard de devenir le premier arbitre français d'un match du Tournoi des Cinq Nations. Il faut savoir que, dans les années 1960, la France n'étant pas encore membre de l'IRB, il était inimaginable de laisser un arbitre tricolore officier en match officiel.

M. Gilliland se retrouve sifflet en main pour France-pays de Galles, dernier match du Tournoi 1965, le 27 mars à Colombes. Enjeu capital pour les « Diables rouges » : s'ils gagnent, ils s'offrent un Grand Chelem. Malheureusement pour eux, les Bleus du capitaine Crauste réalisent un début tonitruant. Dauga et Spanghero au combat devant, Gachassin et (surtout) les deux frères Boniface qui proposent un récital; 13-0 à la vingt-troisième minute, quand survient le coup de théâtre... L'arbitre irlandais se met à boiter... Arrêt du jeu, reprise... M. Gilliland ne peut plus courir. Événement rarissime, mais prévu par le règlement : il doit demander à l'un des arbitres de touche de le remplacer... *« You »*, dit-il à Bernard Marie, qui officiait sur le bord du terrain, drapeau en main. « Mais il est français, disent les Gallois, pas possible ! » L'histoire raconte que le président de la Fédération galloise, particulièrement fair-play, a accepté. Et c'est ainsi qu'un Français a arbitré pour la première fois un match du Tournoi.

Pour mémoire, la France battra le pays de Galles (23-13), l'empêchant de réaliser un Grand Chelem. Bernard Marie, disparu en février 2015, fut même désigné pour arbitrer une rencontre en février 1966, à Twickenham.

« Et dire que, avouera Bernard au journal *L'Équipe,* au moment où on cherchait un remplaçant, j'ai pensé : "Pourvu que ce soit l'autre !" »

1966
Jean Gachassin

Le slip de Peter Pan

Jean Gachassin, 32 sélections en équipe de France (1961-1969).

Peter Pan… Vous connaissez le garçon qui ne veut pas grandir créé par l'auteur écossais James Matthew Barrie et qui emmène Wendy au pays imaginaire… « Peter Pan », c'est aussi le surnom que l'ami Roger Couderc, commentateur légendaire du rugby à la télévision, avait donné à Jean Gachassin. Facile à comprendre : Gachassin, « Jeannot » pour les intimes, est plutôt petit – 1,62 m pour 62 kilos –, mais il est surtout virevoltant, intenable sur un terrain.

À son palmarès, trois Tournois des Cinq Nations, dont le Grand Chelem de 1968, année où il remporte le Bouclier de Brennus. Et, surtout, quelques histoires dignes des légendes du rugby. La plus déconcertante, sans doute, eut lieu le 26 mars 1966 à Cardiff.

Contre les Gallois, les Bleus jouent gros lors de leur dernière confrontation du Tournoi des Cinq Nations. S'ils gagnent, double récompense : gain du Tournoi et Grand Chelem (ce serait le premier pour la France)… Mais le destin va frapper « Peter Pan »… « À trois minutes de la fin, explique Jean Gachassin, au lieu de dégager, pressé par Watkins, je tente une passe lobée pour "Dédé" Boniface, interception de Watkins. Essai. » Les Français sont battus 9-8. De 1 point ! Catastrophe. « Peter Pan » et les « Boni » sont bannis du XV de France. « Consolation, nous explique "Jeannot", j'ai reçu une lettre manuscrite de Georges Pompidou, le Premier ministre, qui m'écrit : "Continuez à nous régaler avec votre jeu… Vous allez nous manquer, on croit en vous. Merci." »

De quoi remonter le moral d'un « Peter Pan » meurtri, qui, deux ans auparavant, avait fait rire tout le monde du rugby pendant un match contre la Rhodésie. Gachassin récupère le ballon de son demi de mêlée, tente une feinte, mais un Rhodésien s'accroche à son short, qui se déchire complètement. Or, rien n'arrête « Peter Pan », c'est bien connu. Il entame une course folle vers les poteaux adverses, le « cul à l'air », comme il le dit lui-même, et va marquer un essai de près de 100 mètres.

La presse du lendemain ? Quelques lignes sur la victoire des Bleus, mais surtout la belle photo de « Jeannot » fesses nues ! « Allez, le petit ! », aurait crié Roger Couderc.

Une génération en or : Christian Darrouy, Benoît Dauga, Walter Spanghero, Jean Gachassin et Michel Crauste (de gauche à droite).

1967
Christian Darrouy

Le petit bleu des Bleus

Christian Darrouy, 40 sélections en équipe de France (1957-1967).

« Mission accomplie, mon général. » Culotté, Christian Darrouy, le capitaine de l'équipe de France de rugby, qui a envoyé ce télégramme au général de Gaulle (à l'époque, on appelait cela un « petit bleu »!). Mais on peut comprendre la joie, l'euphorie, même, des Français, qui ont battu les Anglais chez eux, sur la célèbre pelouse de Twickenham (16-12), lors du deuxième match du Tournoi 1967.

La petite histoire dit qu'un cousin du chef de l'État, grand amateur de rugby, avait organisé l'envoi du télégramme... N'empêche, le geste est délicieux, et la victoire particulièrement belle, marquée entre autres par le retour triomphal chez les Bleus des frères Camberabero. La longue passe précise de Lilian à la mêlée et l'adresse et le jeu au pied exceptionnels de Guy à l'ouverture font merveille... Victoire contre l'Angleterre (oui, mon général!) suivie de matchs gagnés face à l'Italie, au pays de Galles et à l'Irlande... Les lutins de La Voulte, les « Cambé », sont au meilleur de leur forme. Comme Jean Gachassin, d'ailleurs, qui, en cinq rencontres, montrera ses multiples talents à tous les postes des lignes arrière...

Darrouy, Dourthe, Dauga, Villepreux, Herrero, Spanghero... joueurs de légende associés pour une victoire largement méritée dans le Tournoi des Cinq Nations... Une défaite de 1 point, à Colombes, le 14 janvier 1967, face à l'Écosse, empêcha la réalisation d'un Grand Chelem. Un bonheur que le XV tricolore connaîtra l'année suivante...

En effet, le 25 mars 1968, les Bleus battront les Gallois à Cardiff en conclusion d'un Tournoi sans défaite... Mais les fameux événements, avec les premières manifestations de la faculté de Nanterre, avaient débuté, et il n'est pas sûr que le général de Gaulle aurait apprécié à sa juste mesure un deuxième télégramme de victoire...

Le petit Rives illustré

Jean-Pierre Rives, 59 sélections en équipe de France (1975-1984).

1982
Jean-Pierre Rives

Jean-Pierre Rives est l'un des meilleurs troisièmes lignes aile de l'histoire du rugby. Surnommé « Casque d'or » par Roger Couderc, il a été sélectionné en équipe de France à cinquante-neuf reprises, dont trente-quatre en tant que capitaine, avec deux Grands Chelems à la clé, en 1977 et en 1981.

Il a également été élu meilleur joueur en 1977, en 1979 et en 1981 (Oscar du *Midi Olympique*). En arrêtant de jouer, il est devenu sélectionneur des Barbarians et, surtout, sculpteur renommé et reconnu...

Au-delà de cette carrière courageuse et brillante, Jean-Pierre Rives, c'est d'abord et avant tout un artiste qui, pendant toute sa vie, nous a enchantés avec ses phrases sorties d'un autre monde, mélange de Michel Audiard, Antoine Blondin, Jean Cormier, Denis Lalanne et Jacques Verdier...

La preuve quand, en 1982, à cause de son transfert du Stade Toulousain vers le Racing (on l'accuse d'un pseudo-flagrant délit de professionnalisme), il est puni par la Fédération française de rugby et doit jouer en équipe réserve. Sa réponse : « Il vaut mieux être hors jeu que hors du jeu ! »

Morceaux choisis...
– « Les Anglais ne perdent jamais, mais, parfois, on les bat ! »
– « Accepter d'être capitaine, c'est perdre le droit à la facilité et à l'indulgence. »
– « Le rugby, c'est comme l'amour, il faut donner avant de prendre. »
– « Le rugby, c'est l'histoire d'un ballon avec des copains autour, et, quand il n'y a plus de ballon, il reste les copains... C'est quand même l'essentiel ! »
– « Moi, je n'ai jamais compris les décisions des arbitres britanniques. Elles sont intraduisibles, même en anglais ! »
– « Il y a trois choses inutiles : les c... du pape, les seins des nonnes et discuter l'arbitrage ! »
– « J'ai arrêté le rugby car le terrain devenait de plus en plus grand et le ballon de plus en plus petit ! »
– « Au rugby, y'a pas que des cons, mais tous les cons y sont ! »
– « Dans le rugby, j'aurai connu les pires insultes : on m'a traité de pédé et de star ! »
– « Le rugby est le seul sport où l'on se rencontre ; dans les autres, on ne fait que se croiser. »
Et une dernière pour la route... Après un plaquage violent contre les All Blacks, Rives est K-O... Le soigneur lui conseille de sortir : « Sortir ? Et pour aller où ? »

Le seizième homme

1984

Roger Couderc

Roger Couderc (à gauche) et Pierre Albaladejo, un duo incomparable.

Une phalange de mon majeur pliée à jamais : à cause de lui ! La cicatrice au-dessus de mon arcade sourcilière : à cause de lui aussi ! Présenter le journal télévisé avec un œil au beurre noir et la mâchoire de travers, encore à cause de lui... Et, au lieu de le blâmer, j'ai envie, sans doute comme des millions de pratiquants, de lui dire : « Merci, Roger. C'est toi, avec ta verve, ta gentillesse, ton humanité, ta passion, qui nous a fait aimer ce sport unique au monde, fait de bravoure, de solidarité, d'amitié et de respect. »

Roger, c'était le verbe du jeu et, surtout, les joueurs, il les aimait comme ses frères, ou plutôt comme ses fils... Un fournisseur officiel de bonheur. Des joueurs qui lui rendaient bien cette amitié joyeuse et contagieuse, tel Jean-Pierre Rives, qu'il surnommait « Casque d'or » et qui lui donna son maillot taché de sang, le soir de sa révérence télévisuelle, le 19 mars 1983.

Souillac, dans le Lot, et Mauvezin, dans le Gers, pour le bel accent et des débuts télé dans les années 1960... *La Tête et les Jambes*, *Intervilles*, le catch, et déjà l'envie de partager, de s'amuser, de se passionner... Sans rien renier, il passe au rugby. Et devient très vite le seizième homme du XV de France... Comme son fidèle copain Robert Chapatte, il est viré de la télé en 1968 pour cause de solidarité avec les grévistes. Passion oblige, il invente le transistor à images ! Pierre Alabaledjo, devenu son complice, répète encore sa formule magique : « En blanc, à droite du transistor, les Anglais; à gauche, en bleu, les petits. »

Chapatte devient patron des sports d'Antenne 2 et rappelle son copain « Zézé » avec « Bala » : 1975-1983, huit ans de bonheur pour les amateurs de rugby. Il était le rugby, n'en déplaise à certains grincheux qui lui reprochaient ses approximations... Il faisait vivre le jeu, aimer les joueurs. Comme le dit Daniel Bilalian, « la télé, c'est fait pour cela ! » Alors, honneur à toi, cher Roger, avec lequel j'ai eu la chance de travailler, et merci « Bala » pour ce duo si bien réglé !

Le 27 février 1984, Roger Couderc vient de mourir. *L'Équipe* titre : « Le rugby français orphelin ». Jocelyn Lermusieaux ajoute dans le quotidien sportif ce commentaire de Jean-Pierre Rives : « Le jour où Roger est parti, une certaine idée du rugby est partie avec lui, et un peu de nous avec. »

1986
Jacques
Fouroux

Le courroux de Fouroux

Jacques Fouroux, sélectionneur de l'équipe de France entre 1981 et 1990.

« Sacré Jacques, il aura fini par avoir ce qu'il voulait : nous réunir ! » Parole du président Bernard Lapasset, avec qui le conflit avait été terrible en 1991 pour la prise du pouvoir de la Fédération de rugby. Nous sommes le jeudi 22 décembre 2005, l'ami Jean Cormier, dans *Le Parisien,* décrit les obsèques du « Petit Caporal » dans la cathédrale d'Auch. Torrents de larmes. Monique, sa femme, ses deux fils, David et Jean-Baptiste, ses copains les joueurs, les dirigeants, les anonymes... Ils pleurent tous le « grand petit bonhomme », la grande gueule du rugby français portée en terre par ses six avants, ses « gros », comme il disait, vainqueurs avec lui du Grand Chelem historique de 1977.

Les larmes, Fouroux, avec son fameux courroux, en était un fournisseur patenté, et pas seulement pour lui. Drôle, malicieux, intelligent et, surtout, sensible... Le jeu de rugby était capable de le mettre dans des états absolument incroyables. « Excessif en tout, dit de lui Jean-Pierre Rives, c'était un tourbillon, tant d'énergie dans un être humain, c'était incroyable à voir » ; 1,62 m de passion et, souvent, une violence dans les mots, à la limite du supportable pour ses joueurs, qu'il voulait meilleurs.

L'une de ses plus grosses colères ? Année 1986, les Bleus viennent d'être battus par les Blacks à Toulouse. Fouroux ne digère pas. Conséquence, une semaine de préparation en extrême tension avant le deuxième test. Un courroux fou. Philippe Sella, aujourd'hui encore, s'en souvient. Il avait aidé Botica, l'ouvreur néo-zélandais, à se relever après un plaquage. « Plus jamais ça ! », avait hurlé Fouroux. « On se cachait pour l'éviter dans les couloirs de l'hôtel », ajoute Pascal Ondarts.

Des entraînements d'enfer, des mots terribles et, le dimanche 15 novembre 1986, à Nantes, les Français, remontés comme jamais, battent les Néo-Zélandais 16-3. Comme tous les grands meneurs d'hommes, explique Philippe Sella (l'homme aux 111 sélections), « le Petit Caporal » avait la science magique du discours de motivation.

Rugby papillon

2 mai 1987, Parc des Princes : le Racing affronte Toulon en finale du Championnat de France. Éric Blanc et les siens arborent un nœud pap rose.

1987

« Show-Bizz »

On oublie parfois que, dans l'expression « jouer au rugby », il y a le verbe « jouer ». Franck Mesnel, Yvon Rousset, Éric Blanc, Philippe Guillard et Jean-Baptiste Lafond ne l'ont jamais oublié. Ils l'ont même conjugué à tous les temps de 1987 à 1990. En réalité, ils ont surtout joué à ne pas se prendre au sérieux, gagnant non seulement notre admiration et nos sourires, mais aussi le Championnat de France ! Chapeau, les Racingmen ! Ou, plutôt, béret !

Alors, justement, égrenons la liste des douces folies inventées dès l'année 1987 par ces cinq gaillards jamais en manque d'humour qui s'étaient surnommés le « Show-Bizz » : d'abord contre Bayonne, des bérets vissés sur le crâne des lignes arrière, hommage à des champions basques; ensuite, entrée sur la pelouse en blazers et nœud pap noirs pour les quarts de finale, puis crampons dorés en demi-finales; enfin, les fameux nœuds papillon roses en finale, au Parc des Princes, pour rencontrer Toulon.

Un nœud pap que Jean-Baptiste Lafond, malicieux, offre même au président, qui honore cette finale de sa présence. Sourire de François Mitterrand, qui dira à Jean Glavany, son chef de cabinet (amateur de rugby et « très Racing ») : « J'ai vu vos amis, ils sont sympathiques. » Toulon a gagné 15-12, mais le Racing a gagné les cœurs… Daniel Herrero, l'entraîneur-poète de Toulon, a souri également devant ce nœud papillon rose, « œuvre d'art contemporaine recevable », avouera-t-il.

« L'hiver 1988 passe sans cabotinage », écrit Franck Mesnel dans *Rugby papillon,* mais, au printemps, le naturel taquin du groupe revient. D'abord à Biarritz, avec des tenues de pelotaris (joueurs de pelote basque) au pantalon blanc, puis à Toulouse, le summum : en hommage à leur pilier noir « Momo », les Racingmen vont jouer peints en noir des pieds à la tête ! « On aurait presque été déçus s'il ne s'était rien passé », avoue Éric Bonneval, l'arrière toulousain.

Évidemment, les critiques ont fusé, et les insultes aussi… La meilleure réponse des ciel et blanc : champions de France 1990 et sélection nationale pour Lafond et Mesnel, sans compter une reconversion très réussie avec leur marque de vêtements au nœud papillon rose, Eden Park… Pas de secret : talent + travail = réussite.

18 avril 1987, Colombes : Franck Mesnel et les Racingmen pénètrent sur la pelouse pour une rencontre face à Brive. Blazers et nœuds papillons sont de rigueur.

1990
Abdelatif Benazzi

Tabbouz en Bleu

Abdelatif Benazzi, 78 sélections en équipe de France (1990-2001).

Il était une fois un petit garçon qui était grand. Grand et gros ! Au Maroc, les copains l'appelaient *Tabbouz*, « grassouillet »... Un bon gars dont on aimait bien se moquer, mais qui allait devenir une figure du rugby français (78 sélections). Les héros ont tous un ressort ; lui, c'était ces quolibets et un fétiche très... particulier.

À treize ans, Abdelatif Benazzi joue d'abord au foot, mais, déjà, avec les mains (gardien de but !). Il s'oriente vers l'athlétisme avec l'Union sportive d'Oujda, sa ville de naissance. Un éducateur de son collège remarque sa taille et sa force : « Et si tu essayais le rugby ? », lui dit-il. Coup de cœur immédiat, d'autant plus que, quelques semaines plus tard, le XV de France vient à Casablanca pour participer aux Jeux méditerranéens... Confidence d'« Abdel » : « J'avais trouvé mon sport, et, en une fraction de seconde, j'ai découvert mon idole : Philippe Sella... Il avait tout : des jambes de feu, des passes lumineuses, des plaquages efficaces. Un exemple, mon exemple ! Dans les vestiaires, en plus, on se parle. Un rêve ! Cadeau souvenir, il m'offre ses chaussettes, qui vont rester mon objet fétiche. »

Tout s'accélère pour « Abdel » : l'équipe junior marocaine, d'abord, puis direction Cahors, en France, où il marque essai sur essai, à tel point que douze clubs veulent le recruter. « Tabbouz » a maigri, grandi, mûri. Et choisi Agen, le club de son idole ! Au premier entraînement, devinez ce qu'« Abdel » sort de son sac : les chaussettes de celui qui va devenir son partenaire et son ami !

L'enfance à Oujda est loin, mais le Maroc ne l'oublie pas et l'invite en sélection pour jouer contre le Zimbabwe en qualifications de la Coupe du monde... « On a raconté beaucoup de choses sur cette sélection. Pour moi, ça a été simple. J'ai appelé mon papa Mohamed pour qu'il m'aide à choisir. Il m'a dit : "Tu aimes le Maroc, ton pays, mais le rugby est en France, va au bout de ton rêve et chante *La Marseillaise*." »

« Le 9 juin 1990, Jacques Fouroux m'offre ma première sélection face à l'Australie. On perd 21-9, et je suis expulsé, mais, heureusement, mes rêves en Bleu vont prendre d'autres dimensions. »

Une tortue et des Rapetou

1991
CA Bordeaux-Bègles

1er juin 1991, Parc des Princes : Serge Simon, Vincent Moscato et Philippe Gimbert sont champions de France.

Jean de La Fontaine pour la tortue, et Carl Barks, des studios Disney, pour les Rapetou... Voilà pour les auteurs. Les acteurs, maintenant : Serge Simon, Vincent Moscato et Philippe Gimbert, les trois joueurs de la première ligne du CA Bordeaux-Bègles, champion de France en 1991 face au Stade Toulousain...

Les Rapetou de la fameuse bande dessinée des années 1950 avaient une obsession : dévaliser le coffre de Picsou... Leurs noms : la Science, la Gonflette, Méga-Musclé, Boumboum ou Tanker... Nous n'avons rien inventé, quarante ans après, on dirait qu'ils ont été choisis pour nos amis les joueurs de Bordeaux-Bègles des années 1990.

Tout commence par une profonde amitié née dans les faubourgs de Gaillac, qui va se développer avec une intensité admirable dans le club de Bègles... Le coffre-fort à braquer ? Le Bouclier de Brennus, c'est-à-dire le Championnat de France... Unis dans la vie comme dans la mêlée, Simon, Moscato et Gimbert inventent, sous la houlette du magicien Bernard Laporte, la tortue béglaise. On se regroupe entre avants, collés, serrés, et on avance comme une légion romaine : solidarité et amitié musclée. Et, pour impressionner encore plus les adversaires, et pour s'amuser aussi, on se rase la tête... Pour les joueurs d'en face, c'est « chauve qui peut » !

Et « les Rapetou » vont réussir leur coup. À Toulon, d'abord, en quarts de finale... Les Toulonnais sont parmi les meilleurs en mêlée, peu importe, la tortue, ce fameux groupé pénétrant, va les enfoncer. Au bénéfice de la solidarité.

La finale du Championnat de France, au Parc des Princes contre Toulouse, sera une nouvelle démonstration des « Rapetou »... « Notre tortue, c'est la matrice de notre amitié : rien ne peut la détruire », expliquait le docteur Serge Simon. Une tortue, mais des lièvres, aussi, car, pendant le match, après une récupération du ballon et une pénétration de Gimbert et de Moscato, l'action se poursuit... Course effrénée, passe lobée pour Conchy, et Mougeot va marquer ; 19-10 pour le CA Bordeaux-Bègles ! Son deuxième titre. « Une tortue et des Rapetou », une vraie bande dessinée pour gagner.

Cent onze, et un rouge...

4 juin 1994, Ottawa, Canada-France : Philippe Sella voit rouge...

1994
Philippe Sella

« Je voulais être Jean-Pierre Rives. Alors, à Clairac, mon premier club, j'ai joué troisième ligne... J'étais un peu barjot, je relançais de n'importe quel coin du terrain. René Bénésis, l'entraîneur d'Agen, m'a demandé de passer au centre. Je n'ai pas pris cela pour une sanction. » Confidence de Philippe Sella, l'un des meilleurs trois-quarts centre du monde à notre confrère Jean-Luc Gonzalez dans *« Midol » Magazine*.

Intuition géniale qui profitera à Agen, aux Saracens et au XV de France : treize ans de carrière au plus haut niveau, 111 sélections en équipe de France et un palmarès remarquable : six Tournois des Cinq Nations – dont un Grand Chelem en 1987 –, trente essais en Bleu. « Sella savait tout faire. Il avait une excellente lecture du jeu, servie par un physique exceptionnel », explique Pierre Villepreux, le spécialiste, toujours dans *« Midol » Magazine*. Sella, grand parmi les grands, avait apporté un vrai plus physique, annonçant déjà les centres d'aujourd'hui, autant défenseurs et percuteurs qu'attaquants.

Sella, une vie en couleurs : bleu, blanc et... rouge. Blanc d'Agen, bleu du XV de France et rouge pour une histoire particulièrement cocasse.

Année 1994, test-match entre le Canada et la France à Ottawa. Les Tricolores sont très moyens ce jour-là et perdent 18-16. La boîte à gifles est de sortie. Notamment pour Sella, qui joue son quatre-vingt-dix-neuvième match en Bleu.

D'abord, il est auteur d'un *stamping*, premier carton jaune... Les choses se compliquent encore un peu plus quand il vient soutenir Jean-Luc Sadourny, l'arrière du XV de France, à la réception d'une chandelle. Un Canadien s'approche de Philippe et lui oppose un raffut, que Sella tente d'écarter maladroitement. Oui, maladroitement, car l'arbitre sud-africain Ian Rogers croit à une agression et le sanctionne d'un deuxième jaune. Sella explusé! Du jamais-vu!

Contacté par téléphone, Sella confie : « Après le match, j'ai emmené l'arbitre dans une camionnette au fond du champ pour voir la vidéo et le convaincre de son erreur. » Objectif atteint, le Board (instance suprême du rugby) blanchit le Français, qui va pouvoir honorer sa centième sélection en partant avec les Bleus pour une tournée historique en Nouvelle-Zélande, couronnée par deux succès!

1995
Rupert Murdoch

L'homme d'affaires Rupert Murdoch, un magnat des médias.

Money time

Ceux pour qui le rugby devait être l'activité parallèle d'un travailleur accompli et non sa préoccupation exclusive et première, ceux qui durant les années 1930 avaient exclu la France du Tournoi des Cinq Nations pour faits de professionnalisme, doivent se retourner dans leurs tombes... Le rugby a connu une révolution.

Année 1995 : explosion de Jonah Lomu dans l'effectif des All Blacks; aura populaire de la Coupe du monde dans une Afrique du Sud en pleine réconciliation nationale; surtout, succès économique de ce Mondial, 30 millions d'euros de bénéfice net. Il n'en fallait pas tant pour attiser les convoitises. Celles des joueurs, indemnisés à hauteur de 20 euros par jour par l'IRB durant la compétition; celles des businessmen, aussi, Rupert Murdoch en tête. À l'instar du tennis, de la Formule 1, du foot, bien sûr, de la NBA, évidemment, le rugby devient lui aussi un sport pro, un produit qui se marchande, une licence qui s'exploite...

Le magnat australien des médias, propriétaire de Sky Sports, une chaîne payante majeure aux Royaume-Uni, saute avec boulimie sur la poule aux œufs d'or et va révolutionner la planète ovale...

En France, six cents joueurs signent un contrat professionnel. De nouvelles règles (comme le lift, autorisé en touche) apparaissent, de nouvelles compétitions, également... Telles que, dans l'hémisphère Sud, une épreuve opposant la Nouvelle-Zélande, l'Australie et l'Afrique du Sud : le Tri-Nations, que Murdoch acquiert pour dix ans au prix de 550 millions d'euros. Ou encore le *Super Twelve,* une compétition entre les douze meilleures provinces de ces trois pays. Dans l'hémisphère Nord, les premières Coupes d'Europe des clubs sont remportées par Toulouse (1996) et Brive (1997).

On passe presque du communisme au capitalisme : l'appât du gain intéresse les investisseurs autant que les joueurs. On joue plus, on s'entraîne plus, aussi... « En quinze ans de carrière, je suis passé de deux entraînements par semaine à deux par jour. De vingt minutes de jeu effectif à quarante. De trois litres de bière après les matchs à trois litres d'eau. » (Olivier Brouzet, deuxième ligne du XV de France).

Les joueurs vont se métamorphoser en Musclor et en Rambo surprotéinés, mais ça, c'est une autre histoire...

L'effet Max

1998

Max Guazzini

Max Guazzini, président du Stade Français de 1992 à 2011.

Quatre-vingt-dix ans à attendre... Longue, très longue période de disette pour le Stade Français, club de rugby heureux au début du XXe siècle, et qui avait oublié le chemin de la gloire. Fondé en 1883 par des élèves du lycée Saint-Louis, boulevard Saint-Michel, à Paris, le club est d'abord organisé pour la course à pied. Mais, rapidement, le rugby des étudiants britanniques gagne du terrain.

En 1892, première finale du Championnat de France, perdue contre le Racing (éternel rival), mais revanche l'année suivante, et réussite en forme de bail pour huit années consécutives... Bouclier de Brennus, champion de France de 1893 à 1908... Grandeur puis décadence, car le Stade Français descend en deuxième et même en troisième division...

Il faut attendre l'année 1992 pour une vraie renaissance, avec l'arrivée d'un homme providentiel, Max Guazzini : premièrement, il aime le rugby; deuxièmement, il est plein d'NRJ (fondateur et directeur des programmes de cette radio jeune); troisièmement, il est persuadé que le rugby peut plaire à Paris. Il a raison. Et va gagner le match. Le Stade Français, grâce à l'effet Max, redevient rapidement un grand club de rugby, qui vit, qui recrute, qui bouge et qui réussit...

Fusion avec le CASG, et installation à Jean-Bouin. Surtout, engagement de Bernard Laporte comme entraîneur. En 1997, le Stade revient au plus haut niveau. Et, en 1998, quatre-vingt-dix ans après le dernier titre, les joueurs voient la vie en rose (couleur fétiche de Max Guazzini) en battant Perpignan en finale du championnat.

Pari réussi. Paris conquis. Les Parisiens sont enchantés, même, par les idées parfois un peu folles de « Monsieur Max » : pom-pom girls, places gratuites pour les femmes, chansons à la mi-temps, drapeaux roses pour tout le monde, ballon arrivant sur le terrain avec un parachutiste, cascades... Du grand spectacle pour du bon rugby : 48 000 spectateurs en avril 2005 au Parc des Princes pour un match contre Newcastle, puis record mondial de 79 502 personnes au Stade de France face à Biarritz, le 15 octobre 2005.

Juin 2011. Il est libre, Max... Malgré cinq Boucliers et, bientôt, un splendide nouveau stade Jean-Bouin, Max Guazzini laisse sa place de président à Thomas Savare.

1998
Vincent Moscato

Moscato show

Vincent Moscato : reconversion réussie sur les ondes et sur les planches.

Question pour des champions. Quel est le point commun entre ces grands rugbymen : Cholley, Estève, Ondarts, Cécillon, Vaquerin, Seigne, Dourthe, Pelous, Palmié et Moscato ? Ils ont été élus par le très sérieux journal britannique *The Times* les joueurs français les plus effrayants ! Pour être honnête, même si l'Anglais, depuis Jeanne d'Arc, Fachoda, Mers el-Kébir et Austerlitz, n'est pas très objectif, il faut avouer que ces gaillards ne feront pas tous de beaux grands-pères avec leurs cicatrices et leurs oreilles en chou-fleur…

Vincent, lui, en plus, en a rajouté… D'abord, la période « Rapetou ». Crâne rasé à blanc et regard mauvais, avec ses copains (Serge Simon et Philippe Gimbert) de la première ligne de Bordeaux-Bègles des années 1990, il a atomisé plus d'une mêlée et pulvérisé plus d'un adversaire. La « tortue » (ce groupe compact et pénétrant des avants béglais) avançait en écrasant tout… De vrais Rapetou…

Champion de France, Moscato se fait remarquer. Il est sélectionné chez les Bleus à quatre reprises, mais, pour mieux participer au banquet, il se sert d'une fourchette : deux doigts dans les yeux de son adversaire anglais Brian Moore… Vincent est expulsé et récolte huit mois de suspension. Perfide mais juste Albion…

Déjà marqué par ses combats de talonneur au grand cœur et à la vaillance décuplée, Moscato, chevalier moderne sans peur et sans reproche, se met à la boxe, son côté Mickey Rourke. Pas un, mais neuf combats… Le garçon est gaillard !

Retour au rugby en 1995 avec le Brive de Patrick Sébastien, qui lui permet d'ajouter un Challenge Yves-du-Manoir à son palmarès. Et, surtout, il s'engage avec son ami Bernard Laporte au Stade Français en 1996. Il y retrouve Simon et Gimbert et a l'honneur, comme capitaine, de soulever le premier Brennus pour une finale disputée au Stade de France…

Depuis, Vincent Moscato fait son show. Il est passé du terrain à la scène et au studio, toujours vaillant, direct et entier… Spectacles seul en scène, théâtre, films et radio… Langue de bois, connaît pas… Vincent n'est pas un saint, mais ça, on le savait depuis longtemps.

1999
Pierre Villepreux

Intelligence situationnelle

Pierre Villepreux, sélectionneur de l'équipe de France entre 1995 et 1999.

Un langage fleuri, des mots savamment choisis, un petit cheveu sur la langue, une langue bien pendue, et un accent occitan… « Pierrot » l'illuminé, « Pierrot » le cérébral, « Pierrot » le talent à l'état pur, surtout !

Pierre Villepreux côté pelouse, d'abord. Un grand joueur. Arrière du Stade Toulousain, 34 sélections en équipe de France ! Créatif, il a fait de son sport un art. Attaquant rapide et agile, il n'hésitait pas à s'intercaler dans la ligne des trois-quarts « comme un fantôme » – ainsi que le racontaient les journalistes britanniques – pour mettre son ailier sur orbite. Au pied, il excellait dans le tir au but, préférant une frappe du cou-de-pied, comme les footeux, au pointu traditionnel des rugbymen. Mais ça, c'est une histoire que les moins de… cinquante ans ne peuvent pas connaître !

Histoire plus récente, celle du trio magique Skrela-Villepreux-Maso à la tête du XV de France qui, en deux ans, glanera deux Grands Chelems (1997, 1999) et une finale de Coupe du monde (1999) !

Pierre Villepreux côté vestiaire, une intelligence au service du jeu, le « jeu à la toulousaine » dont, avec Robert Bru et Jean-Claude Skrela, il s'est fait le précurseur. Un style de jeu fondé sur des automatismes collectifs, un esprit malin, capable de s'adapter pour saisir les opportunités dans le jeu, retourner les situations. L'instinct et la raison… En résumé, « l'intelligence situationnelle » : avoir du flair, du *French flair* !

Meilleur exemple de cette science, la tactique qui a renversé le score et les All Blacks en demi-finales du Mondial 1999. Souvenir de Villepreux sur rugbyrama.fr : « Nous avions décidé de provoquer les Néo-Zélandais ballon en main en jouant sur les faiblesses de leur distribution défensive, constatées dans d'autres matchs […]. Les attaquer dans les petits côtés, qu'ils négligeaient quelquefois d'investir défensivement, et jouer un jeu au pied de récupération sur les situations "en barrage", où ils mobilisaient pratiquement tout le collectif, étaient des options qu'il fallait saisir chaque fois qu'elles se présentaient. Ces situations étaient de fait relativement aisées à lire, il suffisait d'oser les jouer. »

Lustucru

Bernard Laporte, sélectionneur de l'équipe de France entre 1999 et 2007. À droite, Jo Maso.

2002
Bernard Laporte

Ce jour-là, le 2 février 2002, la France reçoit l'Italie au Stade de France dans le cadre du Tournoi des Six Nations. Ce jour-là, pour *Troisième mi-temps*, notre magazine d'après-match, nous avions sollicité et exceptionnellement reçu l'autorisation de Bernard Laporte (le sélectionneur) d'introduire une caméra dans le vestiaire des Bleus.

Une anodine bonne idée télé qui marquera l'histoire du rugby français... Car, voilà, en première période, l'équipe de France balbutie son rugby : passes mal ajustées, choix tactiques contestables et, surtout, beaucoup de fautes inutiles qui permettent aux Italiens de résister. Les Bleus de Laporte mènent 19-12 ; 12 points cadeaux, marqués par les Italiens sur des fautes françaises.

Laporte fulmine. Coup de sifflet et retour aux vestiaires. Début d'une scène absolument surréaliste. L'entraîneur explose, la porte close vibre. Le bonhomme en pardessus, pas très baraqué, seul au milieu de la pièce, va péter les plombs devant une vingtaine de gaillards hypermusclés, silencieux, sidérés, têtes baissées, visages plus blancs que leurs maillots... Scène d'anthologie !

« On va pas faire de fautes, pas de fautes, pas de fautes. » Le ton monte, les gestes aussi. Il crie : « C'est clair, ça ? Je sais même pas de quoi on peut parler ! Vous voulez qu'on parle de quoi ? De touche, de mêlées ? Je sais pas, moi ! On n'a rien fait. Merde ! On se prend pour qui ? » Énorme !

Finalement, grâce à 22 points de Merceron plus deux essais de Traille et de Betsen, l'équipe de France gagnera le match 33-12 et remportera même, quelques semaines plus tard, le Tournoi des Six Nations.

Coup de gueule en forme de vraie télé-réalité qui a fait et fait encore le bonheur de Nicolas Canteloup. Et celui de Laporte... qui réitéra cette spectaculaire colère dans un spot publicitaire pour des pâtes. D'ailleurs, merci à Bernard Viviès, entraîneur adjoint en 2002, qui a trouvé le meilleur qualificatif pour cette colère « laportienne » : Désormais on appelle cela « faire une Lustucru » !

2003
Mike Tindall

La belle et la bête

30 juillet 2011, Édimbourg : Zara Phillips et Mike Tindall se disent « oui » pour la vie.

C'est une histoire qui pourrait avoir été écrite par Walt Disney. L'histoire d'un joueur de rugby et d'une cavalière, tous deux sportifs de haut niveau et titrés. L'histoire d'un garçon du Yorkshire et d'une pupille de la royauté. Zara et Mike, la belle et la bête...

Mike Tindall, fils de roturiers, un père banquier et capitaine de l'équipe de rugby d'Otley, démarre sa carrière pro à Bath. Par son capital physique et son jeu agressif, qui en font un plaqueur redoutable, il va vite devenir indispensable au XV d'Angleterre (75 sélections) et à ses lignes arrière, apportant « la masse, l'expérience et le leadership » (propos de Martin Johnson).

Année 2003 en or pour Tindall, qui joue un rôle prépondérant dans le Grand Chelem et le titre mondial des Anglais : il est nommé membre de l'ordre de l'Empire britannique. Un bonheur n'arrivant jamais seul, Mike fait une rencontre qui va bouleverser sa vie...

À la veille de la demi-finale contre les Français, se sachant non retenu par Clive Woodward, Tindall descend dans Sydney boire une bière avec Austin Healey et Martin Corry. Il tombe nez à nez avec Zara, une jolie Britannique en pleine année sabbatique.

L'Australie, un bar de Sydney, lieu original pour rencontrer la petite-fille de la reine Élisabeth II ! Tindall reconnaît lui avoir peu parlé ce soir-là. C'est Austin qui fait le boulot et lui suggère : « Envoie-lui un SMS, tu lui plais, elle veut te revoir à Londres. »

Les années passèrent, leur amour grandit, et Zara au visage d'ange annonça à sa mère – la princesse Anne – que Mike – la brute cabossée – l'avait demandée en mariage. On se retrouva alors dans un classique de Disney, avec le cynisme des notables... Première réaction de la princesse Anne : « Bravo, ma chérie, mais j'espère qu'il se fera refaire le nez pour les photographes ! »

Si Tindall connaît par la suite une carrière en dents de scie à cause de multiples blessures et de ses frasques (il sera exclu de la sélection en 2011), côté cœur, c'est une réussite totale, avec, en 2011, un mariage en grande pompe à Édimbourg, puis, en 2014, la naissance de Mia Grace Tindall, le premier enfant des jeunes mariés.

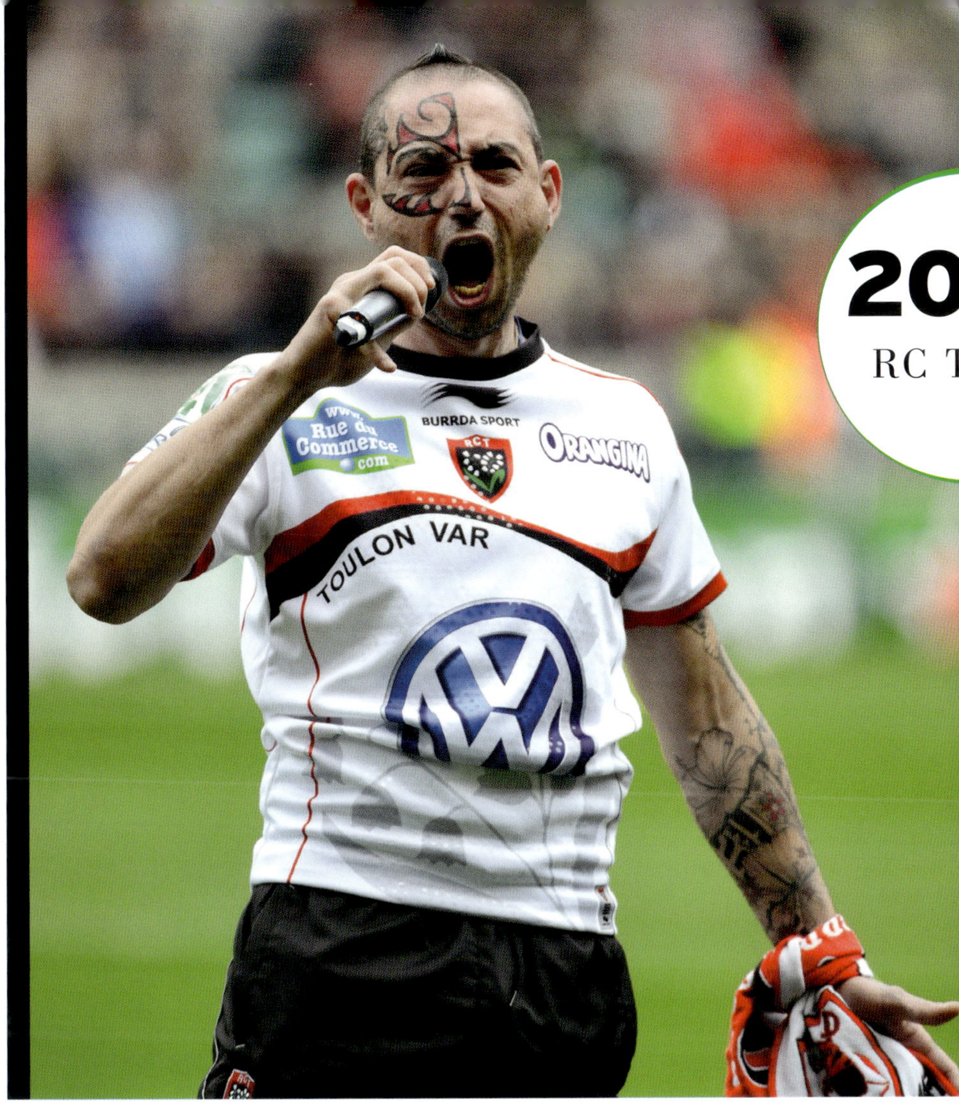

2005

RC Toulon

Pilou-Pilou

Cédric Abellon, le tatoueur hurleur du *Pilou-Pilou*, la voix du stade Mayol.

« Ah ! Nous les terribles guerriers du Pilou-Pilou
Qui descendons de la Montagne vers la Mer
Pilou-Pilou !
Avec nos femmes échevelées allaitant nos enfants
À l'ombre des grands cocotiers blancs
Pilou-Pilou !
Nous les terribles guerriers poussons notre terrible cri de guerre
AAAARRRGGGGHHHHH !
J'ai dit "TERRIBLE CRI DE GUERRE" !
AAAARRRGGGGHHHHH !
Parce que TOULON
[Public] ROUGE !
Parce que TOULON
[Public] NOIR !
Parce que TOULON
[Public] ROUGE ET NOIR ! »

Voici les paroles du cri de guerre claironné par Cédric Abellon, micro en main, à chaque entrée du Racing Club Toulonnais sur la pelouse de Mayol. Tout comme le haka des All Blacks, c'est le folklore, l'identité de ce club, une tradition depuis des décennies.

Ce chant, le *Pilou-Pilou*, est l'œuvre de Marcel Bodrero, un arrière formé au club, qui l'a inventé avec ses copains du Stade Marseillais Université Club dans les années 1940. Plus tard, dans les années 1980, il n'était chanté que par les équipes de jeunes en début de match et en cas de victoire. C'est à l'été 2000, à l'occasion de la relégation de Toulon en deuxième division, que les travées de Mayol vont résonner de ces hurlements : le *Pilou-Pilou* est introduit dans la tribune Bonnus par les Fadas, une association de supporters de trois cents adhérents. Ils en feront même un CD !

En 2005, une décision administrative de la Ligue interdit aux supporters l'usage de mégaphones dans les enceintes sportives. Qu'à cela ne tienne, Éric Champ, le président du club, décide alors d'introduire le *Pilou-Pilou* dans le protocole d'avant-match. Il en fait l'hymne du club, et le chant sera scandé au micro depuis les tribunes.

En 2006, Mourad Boudjellal, le nouveau président charismatique, relance le club (politique de recrutement ambitieuse, coups de communication...) et va plus loin encore : il fait descendre le *Pilou-Pilou* sur la pelouse, devant les caméras. Ce qui exacerbe l'identité des Varois n'est plus seulement un folklore local, mais un buzz mondial. Au micro, Cédric Abellon (tatoueur de métier, le RCT vissé au cœur de père en fils) et, parfois, des *guests* VIP : Charles Berling, José Garcia, Michaël Youn...

Rugbython

2009
FC Auch
Gers

Guy Bosgiraud, « Gégé », Philippe Martin, président du conseil général du Gers, et les dirigeants du FC Auch.

« Je veux aider Auch à se maintenir dans l'élite du rugby français, car ce club est fidèle aux valeurs qui me font aimer ce sport ! » Petite lettre manuscrite, mais grand geste d'un véritable gentleman du rugby : Serge Kempf, P-DG de Capgemini, mécène passionné du rugby et en particulier du Biarritz Olympique…

Nous sommes le 25 avril 2009 dans la salle du Mouzon, à Auch, la capitale du Gers. Philippe Martin, député et président du conseil général, prend la parole. Silence des six cent cinquante convives… Séquence émotion : « Voici donc la lettre de Serge Kempf, et j'ajoute qu'elle est accompagnée d'un chèque de 100 000 euros ! Un geste personnel de ce grand monsieur ! »

Cette année-là, à quelques matchs de la fin de la saison, les rouge et blanc, douzièmes de Pro D2, sont en course pour le maintien… Problème : l'un des principaux sponsors vient de déclarer forfait, le club est au bord de la faillite, menacé de relégation administrative… Un vrai drame pour tous ceux qui aiment et soutiennent cette équipe vaillante et authentique, ce club formateur fondé en 1897 et qui a vu passer des personnages de légende, comme Jacques Fouroux, Jacques Brunel, Henry Broncan ou Fabien Barcella…

Il faut sauver le club ! Action, réaction, nous appelons Philippe Martin, qui a le Gers vissé au cœur, afin de créer un « Rugbython », à l'image du fameux *Téléthon*… Concrétisation en ce 25 avril 2009 avec, d'abord, un grand rassemblement rouge et blanc, l'après-midi, devant la cathédrale Sainte-Marie, puis une marche joyeuse jusqu'au stade du Moulias, où Auch reçoit Albi. Cadeau et geste touchants des Albigeois : standing ovation des joueurs et des supporters. Grande soirée de fête pour continuer : on vend des maillots aux enchères (Dan Carter, Imanol Harinordoquy, Colin Meads), tous les clubs ont participé… Rock and roll, appel aux dons. Succès.

Une solidarité exemplaire digne des Gersois, des hommes et des femmes de cœur qui avaient compris l'enjeu : au total, 450 000 euros récoltés… Il y a des jours où mon petit cœur de gavroche ressemble vraiment à un ballon de rugby.

2011
Marc Lièvremont

Ronchon

Marc Lièvremont, sélectionneur de l'équipe de France entre 2007 et 2011.

Attachant mais volontiers bougon, sensible mais viril, leader solaire et sombre à la fois... Marc Lièvremont et son double... Docteur Jekyll et Mister Hyde. Capable du sourire le plus doux et du regard le plus noir... À l'instar de Bernard Laporte, des accès de colère médiatiques, des histoires de vestiaires, des conférences de presse épicées...

Dès sa prise de fonctions, Lièvremont a dû faire face à une presse sceptique. Climax des incompréhensions et de la frustration de l'intéressé : septembre 2011, après la défaite 37-17 face aux All Blacks en match de poule du Mondial, Matthieu Le Chevallier, journaliste du *Parisien*, demande au sélectionneur s'il pense que son équipe peut encore gagner la Coupe du monde. Réponse cinglante d'un Lièvremont frustré par ce manque de confiance et de sérénité : « Tu m'emmerdes avec ta question. On vient d'en prendre 40. Elle est tordue [ta question]. »

Des déceptions et des frustrations, Lièvremont en connaîtra à foison avec ses joueurs... Mars 2011 : Marc a ce fameux Mondial dans le viseur et un groupe à façonner. Passage obligé, le Tournoi des Six Nations et un France-Italie normalement anodin... Mais, comme Laporte neuf ans plus tôt, le XV de France trouve l'occasion de s'illustrer par une suffisance certaine qui fera sortir Lièvremont de ses gonds... « Parfois, je me demande si je ne devrais pas les laisser se débrouiller seuls. Les joueurs manquent de courage, il faut le reconnaître. [...] Certains joueurs ont peut-être porté le maillot de l'équipe de France pour la dernière fois. Certainement, même. »

Des paroles aux actes, Lièvremont réunit le groupe pour « laver le linge sale en famille ». Il évoque lors de cette causerie sa rancœur, sa colère, et sa tristesse aussi. Les choses sont dites, et le patron tranche : il vire des cadres, désignés comme boucs émissaires...

Sébastien Chabal (62 sélections), Jérôme Thion (54), Yannick Jauzion (73), Sylvain Marconnet (84) viennent de perdre toute chance de disputer la Coupe du monde. On ne badine pas avec les colères du boss...

2012

France-Irlande

Gazon gelé, gazon maudit

11 février 2012, Stade de France : terrain impraticable, match reporté...

Berezina : nom de de la rivière de Biélorussie restée dans l'histoire comme un souvenir dramatique et, surtout, restée gelée, même si, grâce aux ponts de bois construits par les courageux du général Éblé, les soldats de Napoléon réussirent à la franchir...

Bérézina *bis* : douloureux et coupable souvenir pour les responsables du Stade de France et de la Fédération de rugby. Explication de ce parallèle capable de geler le plus vif des enthousiasmes. Nous sommes le samedi 11 février 2012, dans le cadre du Tournoi des Six Nations. En direct sur France Télévisions, le pays entier et une grande partie de l'Europe attendent le coup d'envoi de France-Irlande, prévu à 21 heures.

Il fait froid, à Paris... Un froid glacial, polaire. Et la pelouse du pré où les deux XV doivent bientôt en découdre est digne des steppes de Russie à l'époque des batailles napoléoniennes... Depuis quelques jours, la menace planait. Le poète Stéphane Mallarmé avait pourtant prévenu son monde dans *Renouveau :* « L'hiver, saison de l'art serein, l'hiver lucide ».

Mais personne n'a lu Mallarmé au consortium du Stade de France, ni à la Fédération. Aucune lucidité, aucune anticipation : un fiasco, une Bérézina, sans les valeureux pontonniers du général Éblé ! Quelques malheureuses bâches trouées, deux ou trois appareils à air chaud, rien n'y fait...

Gazon maudit, dur comme du béton, glissant comme une patinoire. Dave Pearson, l'arbitre, vacciné à l'optimisme, juge en fin d'après-midi que les choses vont s'arranger. On a oublié sans doute de lui dire que le soleil allait se coucher et que, le soir, en général, il fait plus froid que dans la journée.

Il est 20 h 20, les joueurs s'échauffent, pas la pelouse... Français et Irlandais sont d'accord : injouable ! Il n'y a que le verglas qui veuille jouer le seizième homme ! Alors, événement incroyable, pour la première fois dans l'histoire du Tournoi, un match est annulé. Bronca monstre dans le stade et déception pour France Télévisions, obligée de remplacer la diffusion du match par un épisode de *FBI : portés disparus*. Terrain gelé, audience gelée, soirée glacée, à oublier !

2012
Marie-Alice Yahé

L'amour du maillot

24 novembre 2012, Stade de France : Marie-Alice Yahé et les Bleues écrasent les Américaines.

Séquence à vous filer la chair de poule... Nous sommes le dimanche 20 juillet 2014, Céline Géraud et *Stade 2* viennent, au cœur du Tour de France, parler de la Coupe du monde de rugby féminin, qui va se dérouler dans l'Hexagone à partir du 1er août. France Télévisions a repéré une pépite, elle commentera les matchs sur France 4 aux côtés de Mathieu Lartot.

Lumière sur Marie-Alice Yahé, demie de mêlée du XV de France, tout juste trente ans et déjà retraitée... La faute à une cinquième commotion cérébrale à l'entraînement, juste avant le troisième match des Bleues dans le Tournoi des Six Nations 2014.

Et Céline de rebondir : « Ce qui est sûr, c'est que vous allez manquer à l'équipe de France lors de cette Coupe du monde. » Et elle lance une séquence tournée dans le vestiaire des Bleues le 24 novembre 2012, avant France – États-Unis. Les Françaises jouent au Stade de France. Marie-Alice, capitaine, s'adresse à ses joueuses. Attention, émotion garantie !

« Les filles, je voudrais en remettre une couche sur la chance qu'on a de porter ce maillot... On va penser à nos familles, à nous, à nos sacrifices, à tout ce qu'on fait pour le porter, ce maillot, aujourd'hui ! [...] Cette équipe est en train de naître ! [...] Quand je vous regarde, y'a quelque chose qui fait que j'ai envie de jouer avec vous ! Que vous avez envie de jouer les unes pour les autres ! [...] Alors, aujourd'hui, on va jouer pour nous, on va être égoïstes. [...] On va tout donner pour ce maillot, le staff ne nous l'enlèvera pas, parce qu'on est les meilleures. On va le leur prouver aujourd'hui, on va se le prouver à nous mêmes. Mais, surtout, on ne laissera pas les États-Unis nous ternir ce maillot. Parce qu'il est à nous, parce que c'est notre stade ! Aujourd'hui plus que jamais ! C'est nos valeurs qui doivent transpirer ! On ne va penser qu'à notre gueule, qu'à ce maillot qu'on représente mieux que toutes les équipes possibles ! Alors, relevez la tête et prenez juste du plaisir à le faire ! »

Modèle de discours mobilisateur sur l'amour du maillot, dont on rêverait que les footeux s'inspirent. Les Bleues étrilleront les Américaines 27-3.

2013

Stade Français

La folie des grandeurs

30 août 2013, Jean-Bouin : le Stade Français découvre une enceinte flamboyante.

Après avoir tant résisté pour rester un sport d'amateurs, le rugby voit 1995 résonner comme une fracture. C'est l'année où le rugby mondial bascule dans le professionnalisme, où Murdoch, véritable chasseur d'or, repère le filon… Jusqu'alors raisonné et raisonnable, le rugby plonge dans la course en avant que connaissent les autres grands sports-business : plus d'argent, plus de matchs, plus d'exposition, plus de spectacle…

Et, pour du spectacle, il faut du jeu, bien sûr, et des enceintes, surtout ! Le précurseur en la matière, Max Guazzini, a donné le « la », jouant un concerto *allegro* pour son club de cœur, le Stade Français, style folie des grandeurs… Guazzini veut pousser les murs. Sa première idée, le stade qui jouxte Jean-Bouin, le Parc des Princes. Mais, à l'époque, Pierre Blayau, président du PSG, refuse. Alors, fin 2005, Guazzini fait le pari du Stade de France pour trois matchs de championnat.

Spectacle visuel et musical, feu d'artifice, mise en scène de l'arrivée du ballon… une réussite absolue. Imaginez, des tarifs à partir de 5 euros ! Le succès populaire ne se démentant pas, Guazzini va reconduire l'événement d'année en année… Soucieux de pérenniser son club, Max voit plus loin. Il veut « un stade fermé, qui ne sacrifie pas le confort du spectateur et du joueur à l'esthétique ou au caprice de l'architecte ».

Année 2005 toujours, concours de circonstances : Paris perd les JO de 2012. Bertrand Delanoë annonce que la plupart des sites prévus dans le projet seront construits. Max, prenant son bâton de pèlerin, part faire du lobbying auprès des ténors politiques de tout bord. Les travaux sont lancés en 2010. Le Stade Français, sans stade fixe, devra jouer à Charléty avant de découvrir, le 30 août 2013, une enceinte flambant neuve conçue par le cabinet Rudy Ricciotti : 20 000 places, 3 000 mètres carrés de panneaux photovoltaïques, un gymnase insonorisé, un centre de balnéothérapie, cinquante-deux loges… un bijou, le joujou de Max.

Depuis, la folie des grandeurs a aussi gagné la Fédération, désireuse de ne plus dépendre du calendrier du Stade de France et demandeuse d'un Twickenham fermé. Ce sera sur l'hippodrome de Ris-Orangis !

2014
Mourad Boudjellal

Toulon tout l'autre

1er juin 2014, Toulon : au lendemain de la finale du Top 14 remportée face à Castres, Mourad Boudjellal exhibe ses deux trophées de l'année, Coupe d'Europe et Bouclier.

Mourad Boudjellal et Dorian Gray, même combat. « Je ne veux pas vieillir pour continuer de rêver ! Ce qui me fait peur : la routine, la répétition, la fin des fascinations. Ce qui me motive : les premières fois ! Mon rêve : faire rêver les autres… » Voilà, pur jus, les confidences du grand patron de Toulon. Sensible, intelligent, ambitieux, impulsif parfois, professionnel en permanence… Son histoire est belle, une succession de succès, un récit de bande dessinée.

1982 : il lance une librairie spécialisée dans la BD, succès… 1989 : il crée Soleil Productions avec la réédition de la série des *Rahan*, succès… 2006 : il prend les rênes du Racing Club Toulonnais, qui végète en Pro D2, et le remonte deux ans plus tard en Top 14 avec l'apport de Tana Umaga, la star des All Blacks, succès… 2013 : titre européen, suivi d'un doublé Coupe d'Europe-Championnat de France en 2014 ! Succès ! Succès ! Succès ! Laporte, Wilkinson, Michalak, Habana, Botha et bientôt Nonu, le Néo-Zélandais aux 102 sélections, viennent s'ancrer dans la rade pour voguer avec Boudjellal. Succès !

S'il collectionne les réussites comme des BD, le président du RCT nous confie sa fêlure : « Le monde du rugby ne veut pas de moi. Ils ne m'acceptent pas. Ils ont peur que je les dérange. Ou alors jalousie. Et je sais pourquoi : je ne viens pas de leur famille, je n'ai jamais été joueur, ils ne me le pardonnent pas ! C'est pourtant simple, jouer au rugby, c'est un métier, diriger un club, c'est un autre métier. Et moi, je prétends en toute modestie savoir gérer mon RCT. »

Il est cash, Mourad ! Entre provocation et pure vérité, il n'est pas homme à manier la langue de bois, et c'est sans doute cela qui effraie les dirigeants actuels du rugby français. D'autant qu'il répète avec audace : « Je veux que le rugby fasse concurrence au football… Je veux que Toulon n'ait pas seulement un palmarès énorme, mais que le RCT entre dans la légende. Comme l'Ajax Amsterdam, le club mythique des années 1970, que j'ai tellement admiré… Alors, même si le comité directeur du rugby français ne m'accepte pas, je continuerai de rêver à mon Toulon, fournisseur officiel d'émotions ! »

2015
Dix sur dix

Bons comptes… et bon rugby

Pierre Albaladejo (ci-dessus) et Dan Carter (page de droite), deux numéros 10 de légende.

Pour parler rugby et gros sous, nous allons prendre deux exemples. Deux numéros 10 qui, à leur manière, ont marqué l'histoire de leur sport. Pierre Albaladejo, « Monsieur Drop », 30 sélections à l'ouverture, et Dan Carter, meilleur joueur du monde en 2005 et en 2012, plus de 100 sélections, demi d'ouverture, lui aussi. Albaladejo en Bleu en 1963, Carter en Black en 2003 : quarante ans les séparent, et plus d'un siècle quand on parle d'argent.

Confidence de « Bala » à Olivier Margot et Jean-Christophe Collin dans *L'Équipe Magazine :* « Lors de la tournée en Nouvelle-Zélande de 1961, qui a duré deux mois, nous touchions 7 francs par jour, ce qui ne nous permettait même pas d'acheter deux timbres pour la France ! »

Autres temps, autres mœurs. Le rugby est devenu professionnel en 1995, l'argent est arrivé, et tout a changé. On est loin des 7 francs d'Albaladejo. Pour la tournée d'automne 2014, on découvre dans *Midi Olympique* qu'un joueur de l'équipe de France, en cas de triple victoire, touchait 34 210 euros… Des chiffres qui étonnent souvent les anciens. Autre exemple encore plus frappant, le transfert de la star des All Blacks, Dan Carter, au Racing Métro pour trois ans à partir de 2015 : salaire annuel évoqué, 1,4 million d'euros. Le Néo-Zélandais devient le joueur de rugby le mieux payé du monde.

En réalité, depuis l'avènement du professionnalisme, la croissance est au rendez-vous pour le rugby. Les budgets des clubs ont doublé ou même triplé en dix ans : 35,02 millions d'euros pour Toulouse, 27,9 pour Toulon… Le salaire moyen des joueurs tournait en 2014 autour de 10 000 euros par mois (là aussi, c'est trois fois plus que dix ans auparavant). Le Top 14 et la Pro D2 font recette, le Tournoi des Six Nations et la Coupe du monde aussi… Pour acquérir les droits télévisuels du Championnat de France, Canal + plus va verser 74 millions d'euros par an de 2015 à 2019… Et TF1, qui avait les droits des Coupes du monde de 2007 à 2011, a déboursé 80 millions d'euros. Il faut se souvenir que, en 2011, la victoire des All Blacks face aux Bleus (8-7) avait été suivie par plus de 15 millions de téléspectateurs à 10 heures du matin… Un record absolu.

adidas
ALL BLACKS
adidas

adidas

3 LES QUATRE CENTS COUPS

1921
Nouvelle-Zélande

Histoire d'eau

17 septembre 1921, Wellington : All Blacks et Springboks s'affrontent en eaux troubles.

Non contents de s'affronter entre colosses, les rugbymen ont souvent eu à affronter les éléments. Vent, pluie, brouillard, neige, glace... De temps en temps, la météo joue aussi. Exemple : la pelouse gelée du Stade de France, qui a causé l'annulation du match France-Irlande en février 2012. Ou encore des rafales de 125 km/h au cours d'une rencontre en Nouvelle-Zélande en 1961, avec un ballon qui revenait en arrière ! Deux histoires à retrouver dans ce livre...

En 1921, tout aussi fort, on a joué dans un véritable marécage. Acteurs de ce bain de boue : la Nouvelle-Zélande et l'Afrique du Sud. Au gré de leurs trophées en Europe face aux sélections des îles Britanniques, les deux pays s'étaient affirmés comme les nations « supérieures » de l'Ovalie.

Les dirigeants néo-zélandais invitent les Springboks pour une tournée. Les « Sud-Af » ne vont pas manquer l'occasion : dix-neuf matchs, dont trois tests contre les Blacks, et quinze victoires, pour seulement deux nuls et deux défaites. Les « Boks » ont construit une équipe sur mesure pour le combat : parmi eux, « Baby » et Royal Morkel, des colosses de 115 kilos, ou Attie van Heerden, un hurdler qui vient de disputer le 400 mètres haies olympique à Anvers. En face, les Blacks ne sont pas en reste avec Jack Steel, sprinter professionnel, auteur d'un essai de 80 mètres.

Après les deux premiers tests, une victoire partout... Le troisième test a lieu à Wellington le 17 septembre 1921. Un match qui entrera dans l'histoire non par le score, nul et vierge, qui laisse les équipes dos à dos, mais par des conditions météo apocalyptiques... Des bourrasques de vent, un terrible orage. Impressionné, Tokkie Scholtz, le *flanker* « sud-af », décrit la pelouse comme un « lac d'où émergent quelques mottes de terre ».

Dans les tribunes, des hommes en chapeaux melons, par centaines, par milliers... Du spectacle digne d'un combat de boue, et le début d'une longue adversité...

La finale des Jeux olympiques de 1924 vue par le dessinateur Mars Trick.

Le rugby hors Jeux

1924
Jeux olympiques

Nous sommes le 18 mai 1924, finale olympique sur la pelouse du stade de Colombes. Les États-Unis battent la France 17-3. Défaite, déception, mais, au-delà du goût amer d'un match capital perdu, ce qu'il faut retenir, c'est que ce sera la dernière finale olympique. Ce jour-là, en effet, le rugby s'est mis « hors Jeux »!

Les Britanniques, qui ont inventé ce sport et qui se considèrent comme les gardiens inflexibles des règles et de l'esprit du rugby, viennent de créer avec succès « leur » Tournoi des Cinq Nations (le XV de France n'y est invité que depuis 1910!) et craignent secrètement la concurrence d'une grande compétition internationale comme les Jeux olympiques. La finale de 1924 donnera aux Anglais de bonnes raisons – à leurs yeux – d'exclure le rugby des JO : les réactions du public et la violence sur le terrain.

Dans le journal *L'Auto,* au lendemain de cette finale, Gaston Bénac fustige « la foule de Colombes qui vient aux Jeux comme à la foire aux pains d'épice applaudir des dompteurs... Absence complète d'esprit sportif, chauvinisme déplacé, sifflets inadmissibles. » En réalité, la plupart des 20 000 spectateurs qui menacent d'envahir la pelouse n'ont pas accepté la violence du jeu de l'équipe des États-Unis, dans laquelle beaucoup de joueurs ont pratiqué le football américain. Les chocs, les plaquages rugueux, la virilité agressive, ils connaissent...

Côté français, Vaysse et Jauréguy se blessent ; les Bleus finiront à treize... « C'est ce que l'on peut faire de mieux sans couteaux ni revolvers », commente Allan Muhr, citoyen des États-Unis mais international français... *Shocking,* disent les observateurs britanniques présents à Colombes. Le rugby aux Jeux, c'est fini!

Pour Coubertin, passionné par ce sport et qui avait réussi à introduire le rugby dans le tournoi olympique de l'Exposition universelle de 1900, c'est un échec... Il faudra attendre 2009 pour voir le CIO réinscrire ce sport au programme des Jeux. À Rio, en 2016, on verra donc un ballon ovale revenir en jeu pour du rugby à sept. Sept joueurs pour un sport-spectacle de courses et de passes, dominé par les Fidji et la Nouvelle-Zélande.

Quarantièmes rugissants

5 août 1961, Wellington : François Moncla et les Bleus vent debout.

Il aura fallu attendre l'année 1961 pour qu'une équipe européenne – la France – s'aventure en terre maorie. Mais quel voyage ! À cette époque, traverser le monde relève de l'aventure. Une véritable expédition. Pour l'occasion, un DC-8 flambant neuf est affrété pour le XV de France, mais le plan de vol est original, avec de multiples escales (Hawaii, Tahiti...). Pierre Albaladejo raconte que le voyage a été très mal préparé. Une vraie galère pour les joueurs. « Bala » raconte ainsi que c'est la seule fois de sa vie qu'il a vu des joueurs pleurer à l'idée de partir jouer un match de rugby ! La tournée est sanctionnée par trois défaites de rang face aux All Blacks.

Ces résultats médiocres ne marqueront pas l'histoire du XV de France, mais on se souvient d'une petite histoire, en revanche : celle du deuxième test-match à Wellington, le 5 août 1961, où le XV de France va lutter contre vents et marées, et ce n'est pas peu dire...

Les Français ont l'occasion de prendre leur revanche sur le premier test perdu à Auckland. La météo est terrible, le vent souffle par rafales à 125 km/h, la pluie est glacée, des parapluies traversent le terrain ! Qu'à cela ne tienne, les Néo-Zélandais ne veulent pas désorganiser la tournée et maintiennent la rencontre. Les Français doivent affronter des forces de la nature : les guerriers maoris et les bourrasques d'Éole...

Après d'âpres efforts, plus d'une mi-temps de combat et le vent de face en deuxième période, les Bleus ouvrent le score sur un essai de Dupuy. « Bala » tente la transformation. Le vent est tellement violent que le ballon revient vers lui, comme s'il avait heurté un mur. Piteux, Pierre déclare : « Si le ridicule tuait, je serais mort à Wellington. »

Une opportunité que les All Blacks ne louperont pas... À un quart d'heure de la fin du match, les Néo-Zélandais égalisent sur un essai en coin. Essai que Don Clarke doit transformer. « Coup de dés », dira-t-il, et coup de génie : en bottant depuis la ligne de touche, il vise la tribune présidentielle et laisse le vent faire le reste. Victoire 5-3 pour les Blacks, une équipe dans le vent !

1971

Roger Bourgarel

Roger Bourgarel,
10 sélections en équipe de France (1969-1973).

Flèche noire contre le racisme

Apartheid… Un mot revenu dans l'actualité en janvier 2015 avec une déclaration de Manuel Valls, le Premier ministre évoquant la lutte que nous devons tous mener pour sortir notre société du communautarisme et de la radicalisation.

En fait, « apartheid » est un mot afrikaans dérivé du français et qui signifie « séparation ». Fondement, en Afrique du Sud, d'une politique de ségrégation vis-à-vis de la population noire, l'apartheid est systématisé à partir de 1913. Cette politique raciste est condamnée par une grande partie de la communauté internationale ; l'Afrique du Sud et son équipe de rugby (l'une des meilleures du monde) sont mises au ban.

Finaliste du Championnat de France avec Toulouse en 1969, sélectionné en équipe de France pour le Tournoi des Cinq Nations 1970, Roger Bourgarel, trois-quarts aile d'origine guyanaise, adroit et rapide, est au sommet de son art… Les passionnés de rugby lui ont donné le joli surnom de « Flèche noire ». Danie Craven, président de la Fédération sud-africaine et féroce défenseur de la lutte contre l'apartheid, imagine que la sélection de Bourgarel serait une belle occasion de porter un coup de canif à cette ségrégation ignoble… Il prend sa plume et demande à Albert Ferrasse, son homologue français, de sélectionner le Guyanais pour la tournée estivale du XV de France. Craven voit dans la venue des Tricolores un moyen de rompre l'isolement sportif de ses Springboks. Alors, « Bébert » (Ferrasse) impose la sélection de Roger : « Les Bleus ont besoin de la "Flèche noire" ! » Le Guyanais va ainsi débarquer en Afrique du Sud, au milieu des pancartes *White only*, des bus et des restaurants réservés aux Blancs !

« J'ai pris un malin plaisir à faire tout ce qui était interdit aux Noirs, déclare Bourgarel à Gilles Navarro, de *L'Équipe*. Le summum, poursuit la "Flèche noire", c'est une boîte de nuit où on m'a refusé. Toute l'équipe de France a fait demi-tour. Les patrons sont venus nous chercher, les copains ont dit "Avec lui !", et on est tous entrés ! »

Mais il faudra attendre encore dix-neuf ans, le 11 février 1990, pour assister à la libération de Nelson Mandela, puis à l'abolition, un an plus tard, des lois régissant l'apartheid.

1972

Old Christians de Montevideo

« Canni-balles »

12 octobre 1972-26 décembre 1972 : soixante-douze jours en enfer...

Jeudi 12 octobre 1972 : le vol 571 Fuerza Aérea Uruguaya décolle de Montevideo (Uruguay) pour acheminer quarante passagers à Santiago du Chili. La majorité d'entre eux sont les joueurs des Old Christians de Montevideo, des étudiants euphoriques à l'idée de partir pendant quatre jours au Chili pour jouer un match contre les Old Boys de Santiago. Seulement, la météo est mauvaise pour traverser la cordillère des Andes, et Julio César Ferradas, le pilote, fait halte à Mendoza, en Argentine. Le lendemain, il décide de contourner les montagnes par le sud, mais le ciel reste bouché.

Les passagers entendent : « Messieurs, préparez-vous à danser un peu... » L'avion se dirige droit vers une tempête, la carlingue vibre à se démanteler. L'ambiance, d'abord euphorique – les jeunes croient à une provocation du pilote –, devient stressante. Erreur de navigation, l'avion descend trop tôt. Ses ailes sont arrachées, l'engin dérive vers les crêtes de la cordillère... L'oiseau de métal, bringuebalant, finit ventre à terre sur un glacier perché à 3600 mètres !

Miracle de la vie un vendredi 13, vingt-neuf personnes résistent au choc, mais huit d'entre elles seront vite ensevelies par une avalanche. Les autres, livrées à elles-mêmes, sont prêtes à tout pour survivre à un deuxième péril : le milieu hostile dans lequel elles ont été jetées malgré elles. Ces survivants vont même briser un tabou, l'anthropophagie, en dévorant leurs copains défunts... Pour ces jeunes chrétiens, un miracle, puis un péché... Qu'auriez-vous fait dans cette situation ?

Parmi eux, Nando Parrado et Roberto Canessa escaladeront un pic de 4500 mètres, puis marcheront pendant dix jours avant de rencontrer, le 20 décembre, un cavalier chilien. Six jours plus tard, au bout de soixante-douze jours dans le froid et la neige, les seize derniers survivants seront secourus par deux hélicoptères de l'armée.

Épilogue : avouant leur péché de retour en Uruguay, les passagers seront absous par le pape Paul VI. Ce drame sera raconté dans un livre, *Les Survivants,* avant d'être adapté dans un long-métrage en 1993.

Finding Murdoch

1972
Keith Murdoch

Keith Murdoch (à gauche), 27 sélections avec la Nouvelle-Zélande (1970-1972).

C'est l'étonnante histoire de Keith Murdoch, à ne pas confondre avec Keith Rupert Murdoch, le magnat des médias australo-américain à l'origine de la révolution économique du rugby en 1995... Notre personnage est tout autre : un pilier néo-zélandais donné pour 1,83 m et 110 kilos. Un sacré gabarit pour sa génération (il est né en 1943 à Dunedin). Histoire de vous dessiner le colosse, il avait un tour de poitrine de 48 pouces, et le tailleur des Blacks était obligé d'ajouter deux ou trois pièces de tissu pour ajuster les manches de son maillot.

Lorsqu'il atterrit au pays de Galles, fin 1972, pour une tournée avec les All Blacks, le joueur d'Otago, 27 sélections au compteur, entend venger les revers infligés par la Grande-Bretagne et l'Irlande... Aligné à Llanelli (prononcer « clanécli »), il ne pourra empêcher la défaite de la Nouvelle-Zélande, 9-3. Un mois plus tard, le 2 décembre 1972, il aura sa revanche en inscrivant, devant les 52 000 spectateurs de l'Arms Park de Cardiff, l'essai de la victoire néo-zélandaise (19-16). L'occasion de faire une belle fête pour un exploit qui devait pérenniser sa carrière... Mais toute sa vie va basculer en une nuit. Tout va voler en éclats sur un coup de théâtre surréaliste... Fin de carrière mystérieuse et controversée.

Explication... Troisième mi-temps : Murdoch rentre ivre à l'Angel Hotel. Il file vers les cuisines et provoque un esclandre en blessant le responsable de la sécurité, Peter Grant, qui était intervenu. Ernie Todd, le manager des All Blacks, voit rouge et « remercie » Murdoch.

Retour express au pays. Parti de Londres le 4 décembre, certainement honteux, Murdoch pète les plombs et disparaît des écrans radars : lors d'une escale à Singapour, il bifurque vers l'Australie, direction Darwin, puis l'*outback*, (la « cambrousse »), où il adopte une vie de nomade... Margot McRae, une journaliste qui le retrouve au milieu des années 1990, tirera de cette rencontre une pièce de théâtre, *Finding Murdoch*, qui sera jouée durant la Coupe du monde 2011...

1972 Walter Spanghero

L'homme de fer

Walter Spanghero, 51 sélections en équipe de France (1964-1973).

Dans la légende du rugby, cet homme est une légende : Walter Spanghero, 1,86 m, 100 kilos, des mains comme des battoirs et des plaquages si redoutables que les Sud-Africains, dans les années 1960, l'ont surnommé « l'Homme de fer »...

Fils d'un maçon italien venu en France pour échapper à la famine, Walter grandit à Bram, dans l'Aude. Petite ferme, mais grande famille, deux filles et six garçons, qui vont tous jouer au rugby. Et, pour deux d'entre eux, Claude et Walter, la consécration, avec des sélections en équipe de France...

Vingt-deux apparitions en deuxième ligne pour Claude, dont sept fois avec son frère. Comme Walter, il a le goût du combat et des petites phrases, toutes plus cocasses les unes que les autres : « Si tu peux pas attraper le ballon, fous-y des poignées ! » ; ou encore : « Les Anglais ont inventé le rugby, mais les Français l'ont bien amélioré ! » Et puis, il y a ce dialogue succulent entre un journaliste et Claude – un soir de banquet, pendant la fameuse troisième mi-temps –, rapportée par Alain Gex dans *Le Petit Bêtisier du rugby* :

« Bon, ça va comme ça, tu es saoul, Claude...
– D'accord, mais toi tu es con. Et il y a une grosse différence entre nous deux...
– Laquelle ?
– C'est que moi, demain, je serai dégrisé ! »

Walter, « l'Homme de fer », 51 sélections, trois victoires dans le Tournoi, dont le premier Grand Chelem de l'histoire des Bleus, en 1968. « Spang-héros », quel joli nom pour un « rugby-héros » ! Un nom scandé par tout le stade de Colombes, debout en janvier 1966 lors d'une sélection que le président Pompidou avait réclamée...

Troisième ligne centre au physique impressionnant et à l'énergie inépuisable, il avait coutume de dire : « Un match qui ne fait pas mal est un match raté ! » Il savait de quoi il parlait : en six cents matchs de championnat, plus de trente-cinq fractures ! Dix ans avant l'image du maillot souillé de sang de Jean-Pierre Rives, dernier match international de Walter sur le sol français. À Colombes et contre Galles, encore... Dur au mal, Walter finit avec le nez cassé. Commentaire d'après-match : « Si je n'avais pas eu mon nez, je l'aurais pris en pleine gueule. » La belle blague !

FFR

Du temple au jardin d'Éden

20 avril 1974, Twickenham : Michael O'Brien et son moment de gloire…

1974
Michael O'Brien

En 1968, Andy Warhol l'avait pronostiqué : « À l'avenir, chacun aura son quart d'heure de célébrité mondiale. » Oui, mais comment y parvenir dans un monde où tout a déjà été fait ? Comment marquer les esprits ? Simple mais spectaculaire : se « foutre à poil » et renier, le temps d'une course folle, des années de codification sociale… On appelle ça le *streaking*.

Et le premier cas est celui d'un courtier de la City qui, en 1799, releva pour 735 livres le défi de courir nu dans les rues de Londres entre Cornhill et Cheapside. En 1913, l'acte prend une signification politique quand Emily Davison, une suffragette (militante pour le droit de vote des femmes), se tue en voulant arrêter le cheval de George V, engagé dans un derby sur le champ de courses d'Epsom. La jeune femme s'est fait piétiner à mort par les chevaux lancés dans la dernière ligne droite…

C'est en 1974 que le rugby découvre son premier *streaking*. 20 avril, un match de charité est organisé à Twickenham par les fédérations anglaise et française car, début mars, au lendemain d'un match entre la France et l'Angleterre, des supporters du XV de la Rose sont décédés dans un accident d'avion au-dessus de la forêt d'Ermenonville : trois cent quarante-six victimes. L'équipe de France domine la rencontre et gagne 26-7, mais ce n'est pas ce que l'histoire du rugby retiendra…

Coup de projecteur sur un Australien : Michael O'Brien, jeune étudiant à Londres, qui vient de perdre un pari. Il a décidé d'être le premier homme nu sur la pelouse du « Temple », immédiatement intercepté par les forces de police. Une photo restera célèbre : le casque de l'officier Bruce Perry posé sur l'intimité d'O'Brien… Photo primée, choisie comme « photo de la décennie » par le magazine *People*, et même refaite à la sauce Lego ! Le casque du policier est, lui, exposé au musée du stade.

Depuis, Jimmy Jump et Mark Roberts (plus de cinq cents *streakings*) ont repris le flambeau ! On pourrait croire que les *streakers* ont fait de la devise de Coubertin une contrepèterie : « En sport, il faut savoir se désaper ! »

1976

Jean-François Phliponeau

8 mai 1976, stade Marcel-Michelin : Montferrand pleure l'un des siens.

Coup de foudre

Ces dernières années, quand la foudre a frappé, c'était en général un coup de tonnerre athlétique et olympique. « La Foudre », le surnom d'Usain Bolt, roi du sprint. Le champion jamaïcain s'arrêtera évidemment un jour... En revanche, on sait depuis Benjamin Franklin, l'inventeur du paratonnerre, que la foudre n'en est pas à son dernier coup ! On a beau courir vite, quand elle frappe, c'est violent et injuste. La nature est injuste...

C'est l'histoire d'un sportif mort sur le terrain de sa passion. Comme Ayrton Senna en Formule 1, mortellement blessé par un bris de suspension au Grand Prix de Saint-Marin. Comme Marc-Vivien Foé, décédé d'un infarctus sur la pelouse de Gerland lors de la Coupe des confédérations. Comme Tom Simpson et Fabio Casartelli sur les routes du Tour de France. Comme Marcel Verchère, en 1937, la rate et le foie éclatés par un plaquage désintégrant alors qu'il jouait un ballon aérien...

C'est l'histoire d'un ailier de vingt-cinq ans venu de Normandie rejoindre Montferrand pour son jeu de mouvement plein de créativité. Un oiseau frappé en plein vol par l'orage. Ô rage ! ô désespoir ! en ce 8 mai 1976... L'ASM dispute un tournoi triangulaire avec Aurillac et Vichy. L'ambiance est électrique au stade Marcel-Michelin, et pour cause, l'orage menace, les grondements sont insistants, le ciel est zébré d'éclairs éblouissants... Il ne fait pas bon traîner à découvert... Soudainement, le ciel décharge sa fureur et tombe sur la tête du pauvre Jean-François Phliponeau. Le Montferrandais s'effondre sur-le-champ, comme fusillé. De peur, les joueurs fuient le terrain... L'effroi parcourt l'échine des spectateurs tandis que Phliponeau gît là, inconscient, abandonné sur le champ de bataille... Le décès est confirmé à l'hôpital, malgré moult et vaines tentatives de réanimation durant une grande partie de la nuit. Geste du club pour faire honneur à la mémoire de Jean-François : en 2007, l'ASM donnera son nom à l'une des tribunes du stade.

Côté terrain, quinze jours après le drame, Montferrand a la mort dans l'âme. Les joueurs du club sont atterrés, mais ils tiennent tous à honorer la mémoire de leur défunt allié. Ils vont purement écraser Graulhet en finale du Challenge Yves-du-Manoir. Score final, 40-12 ! Décidément, il n'y a que le ciel pour arrêter nos irréductibles Gaulois...

La balle au prisonnier

Willie Anderson, 27 sélections en équipe d'Irlande (1984-1990).

1978
Willie Anderson

Willie Anderson, ou comment passer de l'euphorie à la détresse, d'une bonne blague à la peine de mort… L'histoire se passe à la fin de l'été 1978, le Penguins Rugby Club, une colonie d'Irlandais basée à Londres, s'envole pour Buenos Aires, où l'équipe est invitée à jouer un match de gala contre une sélection argentine.

Au cours d'une nuit festive, l'ivresse aidant, les Irlandais oublient sûrement le contexte politique plutôt sévère de l'époque : l'Argentine est dirigée par une junte militaire depuis un coup d'État en 1976.

Willie Anderson, jeune deuxième ligne de vingt-quatre ans, est arrêté en compagnie de deux copains (David Irwin et Frank Wilson) par un camion de militaires. Comme une biche effarouchée prise dans les phares d'une voiture… Il se promène en tenant dans les mains un drapeau argentin. Quelques grammes d'alcool dans le sang lui ont fait oublier la provenance de l'étendard : un bâtiment officiel ! Un gag, une audace dont les répercussions prendront une ampleur considérable.

Les faits, rapportés par le *Buenos Aires Herald* dans un éditorial à charge, sont qualifiés de « bouffonnerie de décérébré ». Ce qui n'est pas faux. Seulement, le journal ne s'arrête pas là et demande une sanction exemplaire. Alors, l'affaire remonte jusqu'au général Galtieri, un cadre de la junte militaire, ni plus ni moins que le commandant en chef des armées. Réponse du général : « Halte à la provocation ! Personne, ici, ne touchera aucun drapeau, et celui qui le fera devra en assumer les conséquences ! »

On ne badine pas avec la dictature : les trois Irlandais sont incarcérés. Faute de preuves, Irwin et Wilson sont libérés au bout de trois semaines. En revanche, la situation d'Anderson traîne. Galtieri va même jusqu'à évoquer la peine capitale ! Libéré à son tour, mais au bout de trois mois, Anderson en sera quitte pour 10 000 livres !

Nul doute que cette histoire aura retardé la carrière internationale (27 sélections à partir de 1984) du pilier irlandais, mais, en même temps, elle lui aura forgé un caractère à toute épreuve lui permettant de devenir un super capitaine !

1981
Afrique du Sud

Accueillis comme des parias

Des manifestants anti-apartheid prennent possession de la pelouse.

C'est l'histoire d'une tournée qui vire à la guerre civile, une tournée considérée aujourd'hui encore comme « la » tournée. En cet été 1981, la Nouvelle-Zélande accueille l'Afrique du Sud, l'équipe que les Blacks désignent comme leur adversaire numéro un.

Seize matchs qui ne feront pas seulement l'histoire du rugby, mais l'histoire tout court ! Car, en Nouvelle-Zélande, l'apartheid fait débat : les zones rurales et les petites bourgades soutiennent la venue des Springboks tandis que les classes moyennes, plus instruites, lucides sur la situation des Noirs en Afrique du Sud, soutiennent les « anti-tournée ». Les querelles d'opinion deviennent vite des combats de rues. La Nouvelle-Zélande vit un été d'émeutes : *A war played twice a week* (« une guerre deux fois par semaine »).

Ben Couch, ministre de la Police néo-zélandais et ancien joueur, veut croire que le rugby participera à la transformation de l'Afrique du Sud. Pour assurer le bon déroulement des matchs, il mettra les moyens : l'« opération rugby » coûtera à la police la bagatelle de 15 millions de dollars ! Pendant ce temps-là, du côté du terrain, constat consternant de nombreux sabotages... Le 22 juillet, à Gisborne, du verre brisé recouvre la pelouse. Le 25, à Hamilton, un pilote menace d'écraser son avion sur le terrain ; la pelouse est envahie par le public, le match est annulé, tout comme le sera celui du 19 août à Timaru. Le 29 août, à Wellington, à l'occasion du deuxième test entre les Springboks et les Blacks, des conteneurs empruntés aux docks sécurisent le terrain tandis que les joueurs trouvent des lames de rasoir éparpillées sur la pelouse...

Dernier des seize matchs de cette tournée, la « finale », prévue à Auckland contre les All Blacks. Pour certains, la rencontre ne doit absolument pas se dérouler. Pour d'autres, les Néo-Zélandais ne doivent pas perdre la face. Un Cessna largue quatre bombes de farine sur les joueurs et blesse (comble de l'ironie) Gary Knight, le pilier des Blacks. Et, tandis que le score se dirige vers un match nul, l'arbitre va accorder aux Néo-Zélandais la pénalité la plus politique de l'histoire. Les Sud-Africains sont battus 22-25.

Sang et or

1983
Jean-Pierre Rives

19 mars 1983, Parc des Princes : « Casque d'or » en sang face aux Gallois.

« Casque d'or »... Rien à voir avec le film magnifique de Jacques Becker réunissant à l'écran Simone Signoret et Serge Reggiani... « Casque d'or », c'est le surnom donné par Roger Couderc à Jean-Pierre Rives...

Nous sommes le 19 mars 1983, au Parc des Princes. Dernier match du Tournoi des Cinq Nations, France-Galles, une vraie finale. Celui qui gagne remporte le Tournoi. La bataille est rude, terrible, même... Comme d'habitude, notre duo de commentateurs accompagne le jeu, chacun dans son registre. Pierre Albaladejo, calme, pondéré, drôle et lucide ; Roger Couderc, passionné, vivant, vibrant et enflammé...

Roger l'a annoncé : « Ce sera mon dernier Tournoi, il est temps de s'arrêter. » Lui, la voix du rugby, notre ami du samedi qui donnait envie de jouer, très ému, va faire ses adieux... Et, pour ce dernier match, son joueur fétiche, « Casque d'or », est en sang ! Événement !

Roger, très naturellement, en fait des tonnes, c'est pour cela qu'on l'aime ! La réalité est plus prosaïque. En voulant plaquer un Gallois, Rives a heurté Blanco, son équipier. Résultat : nez cassé pour l'arrière du XV de France et petite estafilade pour « Casque d'or ». Du sang en veux-tu en voilà... Le magnifique maillot blanc de Rives est maculé, son visage aussi... Sang et or... L'image est impressionnante... Commentaire éloquent d'Albaladejo : « Rives, il met la tête là où les autres ne mettent pas les pieds. » Finalement, les Français, grâce à Blanco, Estève et Camberabero, gagnent ce match 16-9 et remportent le Tournoi.

Et devinez quel cadeau « Casque d'or » réserve à Roger Couderc le soir même, pendant le banquet officiel... Son maillot, évidemment ! Tunique ensanglantée, trophée sorti d'un vieux sac en plastique... Émotion garantie pour notre Roger national, qui parlera de bravoure « sang pour sang » à propos de son « Casque d'or ».

1984
Jean-Pierre Garuet

La fourchette de Garuche

Jean-Pierre Garuet, 42 sélections en équipe de France (1983-1990).

Tout le monde connaît la fourchette, cet ustensile de table qui sert à piquer la nourriture. En revanche, la fourchette, en rugby, est moins connue, et heureusement peu pratiquée. Elle consiste à planter ses doigts dans les yeux de l'adversaire. Et, aujourd'hui encore, dans la longue et grande histoire du rugby, le mot « fourchette » est lié à « Garuche »...

« Garuche », c'est le surnom de Jean-Pierre Garuet, petite moustache, yeux pétillants, visage rond tout droit sorti du film *Les Tontons flingueurs* de Lautner... Réservé, presque timide dans la vie, « Garuche » est un combattant sur le terrain.

Si, à trente ans, le pilier lourdais fait des débuts tardifs en Bleu contre l'Australie en novembre 1983, il confirme vite son talent en étant appelé pour le Tournoi 1984. Mais, le 21 janvier, lors de France-Irlande, c'est le coup de théâtre... Garuet se retrouve ce jour-là en mêlée face au redoutable Irlandais Phil Orr, un monstre d'expérience, de puissance et de roublardise. « Garuche » en a vu d'autres. « À Lourdes, on avait une tradition : si j'arrivais à soulever le pilier d'en face, les dirigeants payaient la tournée de Ricard à toute l'équipe. Alors, je me concentrais pendant tout le match pour offrir un verre aux copains ! » Face aux Irlandais, Garuet a non seulement plaqué Orr, mais il l'a soulevé. Du beau travail ! La France mène 19-9 à onze minutes de la fin. Fatigue ou énervement, « Garuche » craque et enfonce ses doigts dans les yeux de la vedette irlandaise John O'Driscoll... La fameuse fourchette... Scandale ! Garuet est expulsé par l'arbitre gallois Clive Norling. Une première dans l'histoire du Tournoi.

« Garuet est un imbécile », dit Albert Ferrasse, le président de la Fédération française, au banquet d'après-match. Malgré la plaidoirie amicale de Jean-Pierre Rives, son capitaine, « Garuche » est suspendu pour trois mois. Oubliant le pire, il reviendra en équipe de France pour le meilleur : Grand Chelem, finale du Mondial 1987, 42 sélections et, surtout, deux ans de suite meilleur pilier droit du monde ! « La mêlée, comme le répète "Garuche", est réservée aux joueurs les plus intelligents ! »

Daniel Dubroca, 33 sélections en équipe de France (1979-1988).

« Pendant deux minutes, je l'ai cru mort »

Parc des Princes, 24 mai 1986, finale du Championnat de France. Cette année, Agen et Toulouse (le tenant du titre) ont dominé les débats de la tête et des épaules. Côté toulousain, Denis Charvet et Guy Novès, le futur manager à succès du club ; côté agenais, Pierre Berbizier (le fin stratège), Philippe Sella et Daniel Dubroca, vainqueurs de Toulon en demies.

Entre ces deux grands seigneurs de l'Ovalie, la fête du rugby promet d'être belle, et, d'ailleurs, le début du match le confirme. Mais, tout à coup, le stade, le staff et les joueurs vont être pétrifiés par l'effroi.

À la vingt-troisième minute, le capitaine de l'équipe de France reste au sol. Un plaquage manqué. En cause, un deuxième ligne toulousain. Immobile, inconscient, Dubroca est K-O… Deux minutes s'écoulent. Affolement sur le terrain. Sella pleure sur l'épaule de Gabernet. On craint le pire. Patrick Pujade dira même : « Pendant deux minutes, je l'ai cru mort. »

Sous le choc, Daniel Dubroca a avalé sa langue, et on n'arrive pas à desserrer ses mâchoires. Lucide et réactif, Pierre Berbizier a la présence d'esprit de demander son drapeau au juge de touche, Yves Bressy, pour ouvrir de force les mâchoires de Daniel avec le manche. Ouf ! Dubroca respire enfin. Il est transporté d'urgence à la clinique de la porte de Choisy.

Sept minutes d'arrêt de jeu, sept minutes effroyables pour les joueurs, le souvenir nauséabond de l'agression de Schumacher sur Battiston lors du France-Allemagne de la Coupe du monde de foot 1982, à Séville… L'alerte passée, Dubroca, chanceux, sera déclaré apte pour un tour du monde avec le XV de France…

Au Parc, le charme est rompu. La déception sera à la mesure de l'espérance. Un match sans saveur remporté par Toulouse (16-6), qui conserve son titre grâce notamment au seul essai du match, après une interception de Guy Novès…

1990
Dominique Bouet

Dominique Bouet,
5 sélections en équipe de France (1989-1990).

Sa dernière mi-temps

En cet été 1990, la canicule brûle la France, et le XV de France est sur le grill. Ses piètres résultats (en un an, six défaites en neuf matchs) ont fait naître un désamour, et même de la crispation, dans le public. En témoignent les sifflets des spectateurs à l'adresse d'Albert Ferrasse lors d'un récent Angleterre-France.

À la veille de partir pour l'Australie pour leur tournée d'été, les Bleus subissent leur plus « pitoyable » revers, étant donné le standing du rugby français : 6-12 face à la Roumanie ! « Inconcevable défaite », titre *Midi Olympique*.

Jacques Fouroux, alors sélectionneur depuis huit ans, est de plus en plus contesté. On assiste à un clash entre Serge Blanco et Pierre Berbizier, lequel décline la sélection et zappe la tournée. « Le Petit caporal » (Fouroux) forme un groupe jeune et devra gagner en Australie pour renverser l'opinion publique.

Si la victoire du XV de France contre la Nouvelle-Galles du Sud offre un léger répit, la tournée s'engage mal, avec une défaite (21-9) lors du premier test-match, le 9 juin, à Sydney. Lors du deuxième test, malgré deux essais splendides de Blanco, le retour à l'aile de Campese chez les Wallabies fait mal aux Bleus, qui subissent alors la plus grosse défaite de leur histoire : 48-31. Réaction d'orgueil des jeunes, le XV de France remportera le troisième test-match avec brio, 28-19. Mais le mal est fait, et « le Petit caporal » annoncera sa démission trois mois plus tard…

C'est l'heure du retour au pays pour les Bleus, avec un bilan très contrasté. C'est l'heure de décompresser, aussi. Troisième mi-temps obligatoire… Escale à Nouméa le 2 juillet, sur la route du retour : le XV de France est reçu et fêté « comme il se doit » par le rugby néo-calédonien.

S'ensuit une « bringue monumentale » à laquelle Dominique Bouet, le pilier français, ne va pas résister. Pris d'un malaise, le joueur de l'US Dax décide de rejoindre la chambre qu'il partage avec Bob Heyer, le pilier de Montferrand. Heyer fera une découverte macabre quelques heures plus tard en rentrant se coucher : Bouet gisant sur son lit, visiblement étouffé par son vomi. C'était sa dernière mi-temps.

Dopé

Richie Griffiths, le premier « dopé officiel » de l'histoire du rugby.

1991 Richie Griffiths

Le sport est un terrain de confrontation, un terrain qui nécessite donc des lois, acceptées et appliquées. Toute transgression de ces lois fausse la compétition. Triche, corruption, paris truqués, dopage sont de véritables gangrènes.

Le dopage, c'est la recherche de meilleures performances par des apports exogènes… Mais n'est considéré comme dopé que celui est pris au contrôle. De forts soupçons pèsent ainsi sur les Sud-Africains, champions du monde 1995 : dans un reportage de 2014, Nicolas Geay, de France 2, s'interroge sur les sources de la maladie incurable de Joost van der Westhuizen (lire en page 124).

En réalité, rares sont ceux qui, comme Laurent Bénézech, Jean-Pierre Élissalde (5 sélections de 1980 à 1981) ou l'ancien docteur du XV de France Jacques Mombet, osent briser le secret des dieux du stade. Une omerta. Élissalde a ainsi raconté à lequipe.fr qu'il avait eu recours par deux fois aux amphétamines.

En France, il y a encore le cas particulier de Pieter de Villiers. Le pilier du Stade Français vacille lorsque, en 2002, il est déclaré positif à la cocaïne et à l'ecstasy après un contrôle inopiné en pleine séance de musculation. Drogues festives ou dopage sportif ? En tout cas, un vice de forme dénoncé par son avocate lui évitera la suspension.

Chose que n'aura pas évitée, en 1991, le premier « dopé officiel » de l'histoire de l'Ovalie. Décembre 1990 : le rugby est encore un sport d'amateurs, mais la Coupe du monde 1991 approche. La Fédération internationale décide de créer une cellule antidopage et fait procéder à des contrôles inopinés, notamment dans le championnat gallois, où un trois-quarts centre, international en équipe B, est déclaré positif à un stéroïde anabolisant (la norandrostérone, qui accélère la prise de masse musculaire). Richie Griffiths sera suspendu pendant deux ans…

Une bien mauvaise affaire pour l'image du rugby. Mais, depuis, entre professionnalisation et business, ce sport s'est lancé dans une fuite en avant qui inquiète Laurent Bénézech (lire en page 123). Les joueurs sont devenus des colosses sprinters… Une comparaison : en 1905, un All Black affichait en moyenne 1,75 m pour 81 kilos ; cent ans plus tard, en 2005, il était passé à 1,87 m et 102 kilos. Pas vu, pas pris, pas dopé. Toujours plus vite, plus haut, plus fort…

1993
Jean-François Tordo

Le balafré

Jean-François Tordo (au centre), 18 sélections en équipe de France (1991-1993). À gauche, Laurent Seigne ; à droite, Louis Armary.

Geste qui ne surprendra pas le connaisseur, mais qui continue d'interloquer le profane. Pourquoi, au rugby, voyons-nous les joueurs se piétiner ? On appelle ça le *rucking*. Petite explication : imaginez que les joueurs forment un regroupement et que le ballon est au sol. Imaginez qu'un joueur adverse se trouve entre vous et le ballon, et qu'il tarde à se dégager. Si l'arbitre ne dit rien, vous pouvez *rucker*, c'est-à-dire le piétiner pour le faire sortir de la zone ou lui faire lâcher le ballon. La méthode est plutôt violente, mais les lois du jeu encadrent cette pratique et interdisent le *stamping*, que l'on pourrait définir comme un coup de pied destiné uniquement à blesser.

De *stamping*, il en est question dans l'histoire de « Jeff » Tordo, qui, comme le duc de Guise (Henri « le Balafré ») en 1575, va récolter au combat une entaille au visage... En juin 1993, nommé capitaine par Berbizier, Tordo emmène le XV de France en Afrique du Sud pour la première tournée d'une équipe européenne depuis la fin de l'apartheid. Lors de la deuxième rencontre, au Cap, contre Western Province, le valeureux « Jeff » va subir un ignoble attentat... Douzième minute : le Français plaque un joueur et le ballon jaillit du regroupement. Garry Pagel, le pilier adverse, surgit et piétine sauvagement la tête de Tordo. Ce dernier porte les mains à son visage tandis que le médecin du XV de France, Marc Bichon, se précipite. Il est horrifié, c'est une boucherie ! « Jeff » est transporté en urgence dans l'hôpital le plus proche pour une opération de chirurgie esthétique qui durera douze heures, avec cinquante et un points de suture à la clé.

Au moment de quitter la tournée, Jean-François Tordo déclare au *Midi Olympique* : « Ce sont les choses de la vie. Je ne porterai pas plainte contre Garry Pagel parce que je ne veux pas que le sport bascule vers le terrain judiciaire. Pourtant, j'ai du mal à concevoir qu'on puisse être pervers à ce point. »

Pervers, d'autres le seront. Ainsi, un dénommé Rhys Garfield, dans un championnat régional gallois, écopera en 2007 de quinze mois de prison pour avoir occasionné une entaille de 10 centimètres sur le visage d'un certain Gareth Howells.

1995 Max Brito

Brisé

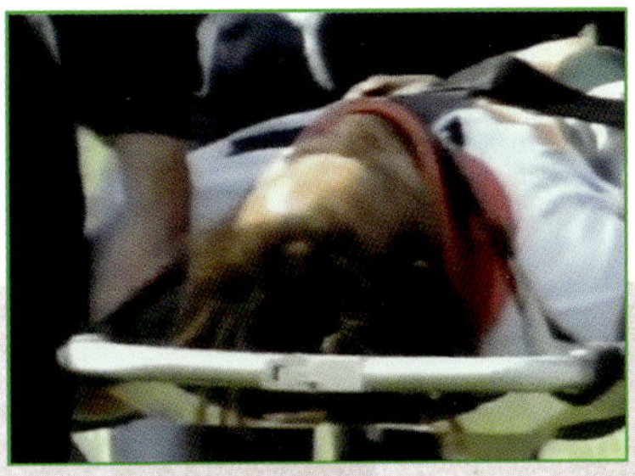

Du rêve au cauchemar...

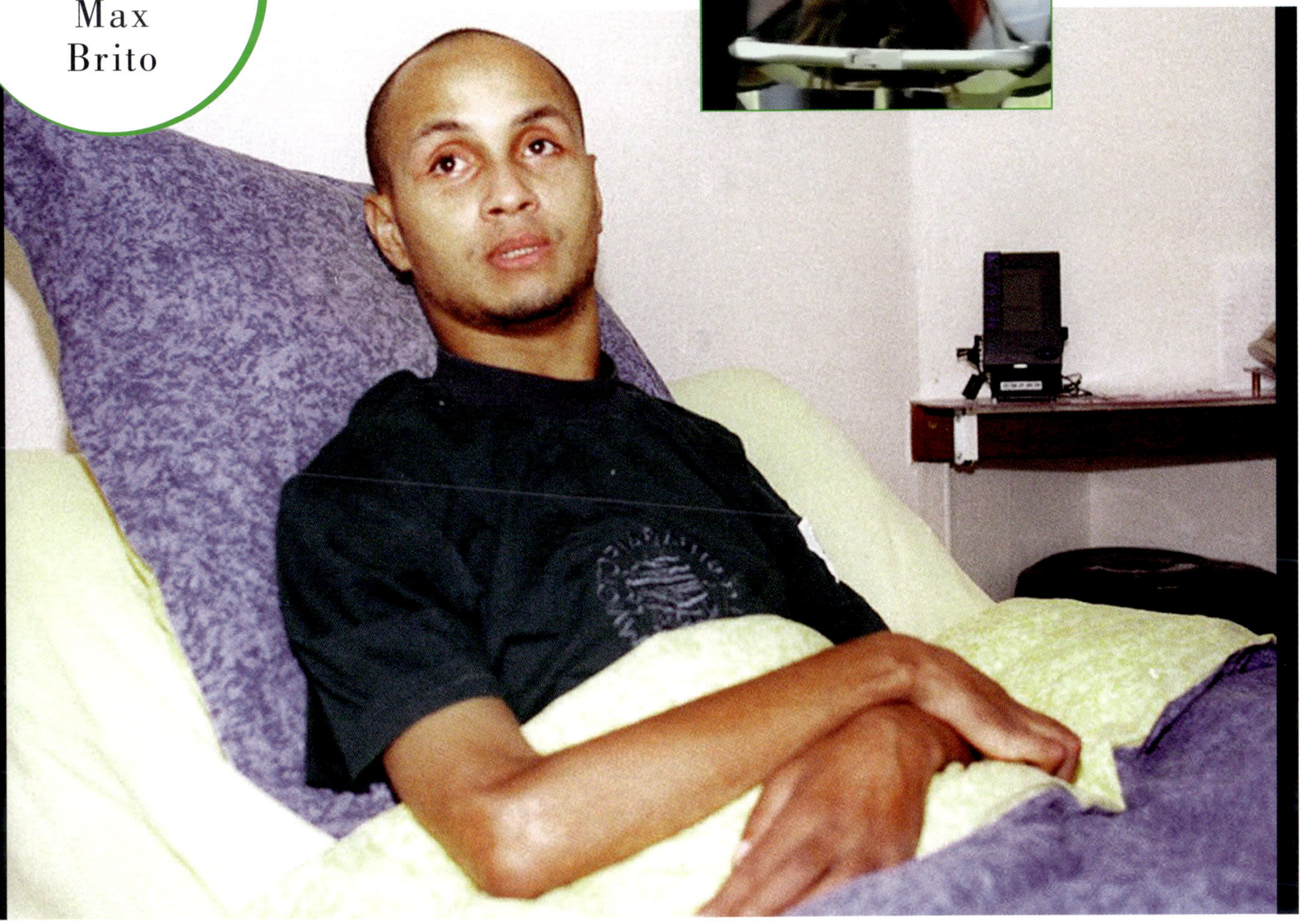

Nous sommes le 3 juin 1995 à Rustenburg, une ville minière de la province du Nord-Ouest, en Afrique du Sud. Les Éléphants ivoiriens affrontent le Tonga en phase de poules de la troisième Coupe du monde. C'est presque un match de « seconde zone » (pardonnez-nous l'expression), mais un instant, un tragique instant, une image reste gravée dans nos mémoires... Celle d'un corps inerte, d'un brancard, d'une crinière crépue. Celle des *dreadlocks* de Max Brito, le trois-quarts aile ivoirien.

Cette Coupe du monde, c'était un rêve pour Max, sélectionné à la place de son frère Patrick, forfait en raison d'une pubalgie. C'était un « conte de fées », même, en dépit de deux raclées face à l'Écosse (89-0) et la France (54-18).

Troisième minute de jeu : les Tongiens bénéficient d'une mêlée... Leur demi de mêlée botte vers l'avant... Les Ivoiriens reculent, et Brito récupère le ballon sur le flanc gauche, à la lisière de ses 22 mètres. La vague tongienne monte, et il tente d'y échapper par une course latérale. Il esquive un adversaire, mais un deuxième le plaque au sol. La meute le submerge. Une fraction de seconde, une posture malheureuse, et c'est une vie qui bascule...

« C'est comme si tout s'était débranché dans mon corps, raconte-t-il. J'ai tout de suite compris que j'étais paralysé. Mais je me suis dit qu'on allait me réparer, que ce n'était pas si grave. » Optimisme, utopie, même... Trois ou quatre semaines plus tard, sevré de médicaments, Brito prendra la mesure du désastre : tétraplégique à vie.

À ce qui est au départ un jeu, Rivière, en 1926 (effondrement d'une mêlée), et Pradié, en 1930 (plaquage à retardement), ont payé un lourd tribut : leur vie. Récemment, Alex McKinnon, un joueur australien de rugby à XIII, a vu deux de ses vertèbres cervicales brisées sur un plaquage « cathédrale ».

Depuis 1995, Brito vit allongé sur le dos. Charlie, un ordinateur à infrarouges, lui donne d'infimes libertés : allumer la télévision, écouter de la musique, éteindre la lumière, faire tourner le ventilateur... Deux personnes se relaient à son chevet pour le nourrir, le laver, faire son ménage...

1997
Brive-Pontypridd

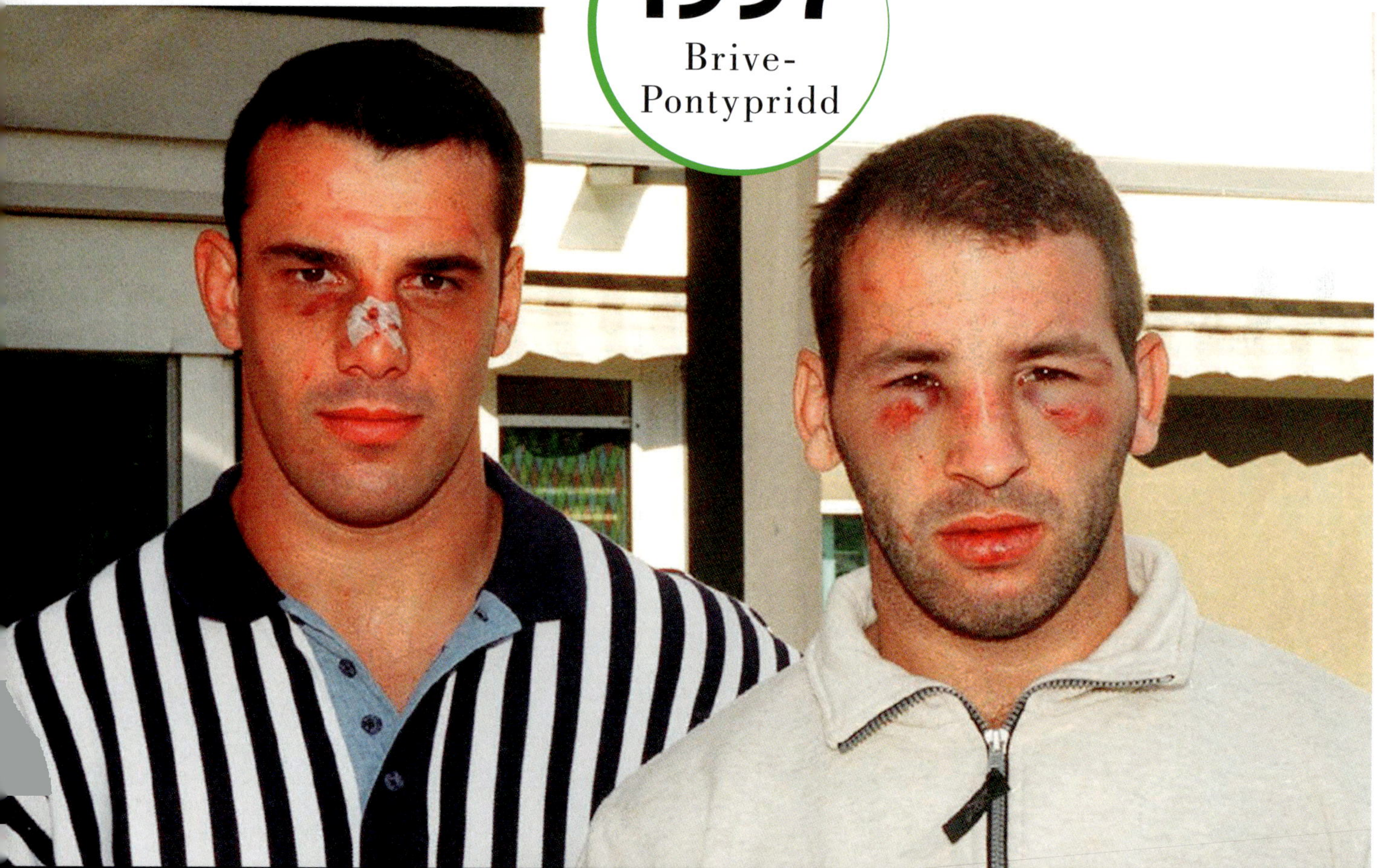

Brutes de comptoir

15 septembre 1997, Brive : Christophe Lamaison (à gauche) et Philippe Carbonneau au lendemain du pugilat.

Le dimanche 14 septembre 1997 restera à jamais dans l'histoire du rugby comme *the battle of Brive*. Premier round : Brive reçoit Pontypridd en Coupe d'Europe (victoire des Français, 32-31). La rencontre est serrée, les mâchoires aussi. Vingt-sixième minute : la tension, devenue incandescente, débouche sur une bagarre générale. Sanction immédiate, Lionel Mallier (Brive) et Dale McIntosh (Pontypridd) sont expulsés. Après le match, les consultants de la BBC accusent les Brivistes d'avoir volontairement ciblé leurs coups avec une « violence chirurgicale ».

Deuxième round : 22 h 40 au Toulzac, un bar où passionnés, groupies et joueurs fêtent la victoire. L'ambiance vire au mauvais western lorsque trois des joueurs gallois (Dale McIntosh, Phil John et Andre Barnard) débarquent et forcent le passage jusqu'au bar... Le Toulzac est mis à sac, c'est *Règlements de comptes à O.K. Corral* ! Bilan clinique : nez cassé pour Christophe Lamaison et Philippe Carbonneau (sauvé par Didier Casadeï), avec en prime le maxillaire enfoncé pour ce dernier. David Venditti, lui, s'est fait croquer le doigt. La légende raconte que les joueurs, partis se réfugier aux W-C, seront secourus par un cordon de gendarmerie.

Troisième round : match retour à Pontypridd, une ville minière. Un stade construit sur les ruines d'une fonderie. Patrick Sébastien, le président briviste, demande à ses supporters de ne pas faire le déplacement, ce que les Gallois vivent comme une humiliation. Mais, preuve du fair-play *so British*, les joueurs français sont applaudis à leur entrée sur la pelouse. Comble de l'ironie, les deux clubs devront encore se retrouver pour un match de barrage !

Épilogue plus heureux : avril 2013, à la suite d'un terrible fait divers (un enfant atteint de troubles de l'apprentissage, persécuté à l'école, a été poussé dans une cabine téléphonique incendiée), Alix Popham, ex-international gallois de Brive, a l'idée d'aller de Pontypridd à Brive à vélo. *The battle of Brive* devient alors *the battle to Brive*. Parti en compagnie de seize Gallois, Popham arrive à deux pas du Toulzac pour fêter son exploit, après 991 kilomètres parcourus.

2001
Stade Français

Héros érotiques

Les rugbymen enlèvent le bas…

Esprits visionnaires, ambitieux, créatifs, les grands entrepreneurs ne sont jamais à court d'idées. Il en est un qui, comme Bernard Tapie, a jeté son dévolu sur un club de haut niveau, bousculant les idées reçues : Max Guazzini. Lorsqu'il rachète le Stade Français, en 1992, alors que le Racing pétille de champagne en nœud papillon, on est loin d'imaginer que le fondateur de NRJ va dépoussiérer à ce point un sport ancré si fortement dans le terroir et les traditions.

Pourtant, en 2000, Max va mettre à exécution une idée particulièrement iconoclaste : déshabiller des joueurs de rugby dans un calendrier en versant une partie des bénéfices à une association caritative.

Vous connaissez bien la France et sa propension à résister au changement, à la nouveauté, à tirer sur ce qui sort du rang, à coller des étiquettes aux gens… Qu'importe, *Mister NRJ,* à coups d'innovations, donne de sacrés coups de boutoir au milieu du rugby. Dans le pack, c'est lui le plus fort, et il dope le business de son club.

La première édition du calendrier, *Dieux du stade,* sort en 2001. Les premiers modèles ? Des joueurs du club, payés 5 000 euros la photo. À partir de 2004, Guazzini sort le making of en DVD, et le succès prend une ampleur internationale. En 2005, la maison d'édition réalise 2 millions d'euros de chiffre d'affaires ; 102 000 euros seront reversés à une association caritative. En 2007, le calendrier figure dans les cinq meilleures ventes des libraires.

Les *Dieux du stade* font un tabac. Avec ses nombreux coups médiatiques, Guazzini touche un public large. Max, demi d'ouverture du rugby… Et, même après son départ, le club va poursuivre l'ouverture en intégrant, en 2013, une ancienne pensionnaire du Crazy Horse et des sportifs de tous horizons, dont Karabatic le handballeur et Vastine le boxeur, mort en 2015 dans un accident d'hélicoptère en Argentine. On retrouvera aussi ceux que les rugbymen appellent les « manchots », les joueurs de foot, avec notamment Olivier Giroud, dont les frasques avaient alimenté les tabloïds britanniques.

2002
Aurélien Rougerie

Aurélien Rougerie en convalescence dans le service médical du stade Marcel-Michelin.

En travers de la gorge

Voici un Auvergnat pas avare d'efforts, un volcan d'énergie. Masse musculaire en action, il n'a rien à envier aux Lomu ou van der Westhuizen… Mieux, il résiste au temps sans faiblir. Aurélien, à l'aile ou centre, le « Bib jaunard »… Aurélien Rougerie, le taulier des Bleus majuscules : une finale de Coupe du monde, cinq Tournois des Six Nations, 76 sélections avec le XV de France. Formidable carrière ! Homme de records, Rougerie devient à partir de 2012 le meilleur marqueur d'essais du Top 14 en activité.

Comme Blanco à Biarritz ou Novès à Toulouse, il est l'homme d'un club : Montferrand. Comme Albaladejo et Lasserre (Dax) – en leur temps – et son équipier Audebert, Rougerie a perdu quatre finales du Championnat de France. D'abord en 2001, puis trois d'affilée, en 2007, en 2008 et en 2009, triste record ! Heureusement, le titre de 2010, une délivrance, a mis fin pour l'ASM à quatre-vingt-dix-neuf ans de disette… Sa fidélité à l'Auvergne honore Aurélien, et elle lui a donc permis, à force de ténacité, de soulever le Brennus. Mais, en 2002, un accident aurait pu stopper la formidable ascension de Rougerie. Au milieu de l'été, l'ASM affronte les London Wasps en match amical… L'agression qu'Aurélien va subir n'aura, elle, rien d'amical. Alors que le Français tente de percer les lignes adverses, il est violemment percuté à la carotide par un coup de coude du talonneur anglais Phil Greening.

Hospitalisé pendant plusieurs semaines, Rougerie doit subir trois opérations chirurgicales et souffre de nombreuses complications. Il doit s'alimenter par sonde naso-gastrique et perd 9 kilos. L'interruption temporaire de travail dure quatre mois. Vaillant, le joueur reprend la compétition en décembre…

Après une réparation à l'hôpital (cicatrice de 12 centimètres au cou et voix plus grave), Rougerie exige une réparation au tribunal. Il demande 94 000 euros ; en 2007, le TGI de Clermont-Ferrand condamne Phil Greening à 38 000 euros de dommages et intérêts, une somme que le coupable versera avec réticence en 2012 seulement. Dix ans après le coup de coude.

2004
Marc Cécillon

À bout portant...

Marc Cécillon, 46 sélections en équipe de France (1988-1995).

Accusé, levez-vous ! Marc Cécillon, ancien troisième ligne de Bourgoin-Jallieu, 46 sélections, cinq fois capitaine du XV de France ; 1,92 m, 2,35 g... Marc Cécillon, héros criminel déchu en raison de son addiction alcoolique, par ses accès de violence, auteur d'un crime passionnel.

Une carrière riche pour un joueur costaud... Il fait partie, d'après un sondage du *Times*, des dix rugbymen français les plus effrayants. Mais le type est fiable, fidèle au club de sa vie et à sa région : plus de vingt-trois ans au CSBJ !

Vingt-trois ans de belles réussites, de troisièmes mi-temps mémorables (pour fêter ça)... La fête et l'alcool sont pour Cécillon des addictions que personne n'ignore à Bourgoin-Jallieu. Des excès que seul son père est capable de juguler. Mais l'homme ne peut rien contre l'esprit jaloux de son fils, ses accès de violence contre sa femme Chantal, secrétaire médicale avec qui il est marié depuis vingt-quatre ans... Pour elle, c'en est trop, et l'idée de le quitter est devenue une obligation...

Cécillon est borderline jusqu'au 7 août 2004, où tout bascule. Reconstitution : après avoir passé sa journée sur une base de loisirs gérée par « Jeff » Tordo, Marc retrouve sa femme à la soirée de l'un de ses amis d'enfance. Il s'est « mis minable » à la buvette et gifle la maîtresse de maison, proche de Chantal. Son pote le met dehors, mais Cécillon revient avec, dans son short, le .357 Magnum que des copains internationaux lui ont offert en 1993. Il vise Chantal à la tête et tire cinq fois. Ils seront dix-sept pour le canaliser et l'assommer avec un parpaing. Cécillon ne mesure pas la portée de son geste et hurle : « Je veux la voir. C'est l'amour qui a fait ça ! » Plusieurs heures après ce coup de folie, il sera dépisté à 2,35 g d'alcool dans le sang.

Condamné en 2006 à vingt ans de prison, il en écopera de quatorze en appel. En juillet 2011, après sept années passées derrière les barreaux, il bénéficie d'un régime de liberté conditionnelle. Début 2014, il se représente devant la justice, de son propre gré, cette fois, pour demander des comptes à ses filles sur la gestion de son patrimoine pendant son incarcération.

2005
Guy Novès

Honneur celtique et dénouement épique

22 mai 2005, Édimbourg : Guy Novès en état d'arrestation.

Nous sommes le 22 mai 2005, finale européenne, trois stades : le Stade Toulousain, le Stade Français, et Murrayfield (Édimbourg) comme terrain de jeu. Honneur celtique pour dénouement épique !

Énième rencontre « capitale-Capitole » avec, selon les mots de la BBC, une *nail-bitting victory*... Littéralement : une « victoire à se ronger les ongles ». Une guerre des tranchées, aucune percée, pas d'essai, juste des tirs, en espérant que ça passe... Les hommes du match : Skrela pour Paris, Élissalde et Michalak pour Toulouse, les seuls à inscrire leur nom au tableau des marques.

Le Stade Français se fait rejoindre par Toulouse à deux minutes seulement de la fin du temps réglementaire, puis cède en prolongations sous un ultime drop de Michalak. Le titre européen va au Stade Toulousain ; 18-12, une victoire que l'autre homme du match – Guy Novès (le manager des rouge et noir) – ne va pas vivre de la même façon...

Explication : pendant que les joueurs toulousains se regroupent au centre du terrain pour la remise du trophée, cohue autour de Guy Novès, qui va être secoué manu militari dans la tribune opposée. Même le maire de Toulouse, Philippe Douste-Blazy, s'en mêle, tentant de convaincre les « policiers-videurs » : « Relâchez cet homme, c'est le coach des Toulousains ! Je suis ministre, écoutez-moi ! »

Une sortie de terrain musclée, un gros quart d'heure de rétention : Novès manquera la remise du trophée à ses joueurs. Sans rancune, il expliquera ensuite les raisons de l'incident : « J'ai traversé la piste d'athlétisme pour embrasser mon fils et ma maman, quand j'ai vu un de nos dirigeants qui voulait venir sur le terrain. Constatant que le service d'ordre ne le laissait pas passer et qu'il se montrait impatient, je suis intervenu pour préciser qu'il faisait partie de notre staff. Il y a eu une bousculade, et voilà... Je suis désolé et je me suis excusé auprès de ceux qui faisaient leur travail. »

2007
Afrique du Sud

Les Springboks à saute-mouton !

20 octobre 2007, Stade de France : John Smit, le capitaine des « Boks », main dans la main avec Thabo Mbeki, le président sud-africain.

Samedi 20 octobre 2007 : le Stade de France s'est enfoncé dans la nuit et se laisse prendre par la liesse d'un sommet mondial. Celui du rugby. Celui de l'Afrique du Sud, qui, après 1995, a décroché une deuxième couronne... Blond baraqué, John Smit – le capitaine des « Boks » – soulève le trophée Webb-Ellis d'une main et, de l'autre, tient celle de Thabo Mbeki, le président sud-africain noir.

L'Afrique du Sud, une nouvelle fois sur le toit du monde, a littéralement survolé cette sixième édition de la Coupe du monde. Une compétition organisée cette année en France (avec quatre rencontres délocalisées au pays de Galles et une en Écosse). De match en match, les « Boks » (« gazelles ») jouent à saute-mouton : 59-7 au premier match contre les Samoa; puis, très appliqués dans le jeu au pied lors du deuxième match, les « Sud-Af » infligent une véritable punition à l'Angleterre, 36-0! Lors de la troisième sortie, contre les Tonga, les cadres sont mis au repos et entreront en seconde période; le score est plus serré, 30-25. Pour leur dernier match de poule, les « Boks » enfoncent le clou – 64-15 face aux États-Unis – et terminent premiers de leur groupe. La suprématie des gazelles grandit, le titre est en vue, comme une oasis de rêve pour étancher une soif de victoire; 37-20 contre les Fidji en quarts, 37-13 contre l'Argentine en demies et, enfin, 15-6 contre l'Angleterre en finale.

Oui, mais... il y a un mais dans ces mets de carnassiers... Comme lors du Mondial 1995, chez les « Boks », la faim (de victoire) a justifié les moyens... Vraisemblablement pour se préparer en secret, fin juillet 2007, à deux mois de la Coupe du monde, les « Sud-Af » ont fait l'impasse sur la fin des Tri-Nations, envoyant une équipe B en Nouvelle-Zélande et en Australie.

Furieux, les autres pays ont menacé d'annuler les rencontres. Comble de l'hypocrisie des « Boks », ils sont allés jusqu'à présenter des certificats médicaux pour tous les joueurs... Donc, avec tous les sous-entendus que nous vous laissons imaginer – cynisme et sourire inclus –, des infirmes seraient devenus champions du monde de rugby... L'explication, peut-être, de leur ostensible domination en octobre...

2009
Gareth Thomas

L'homo milieu de la mêlée

Gareth Thomas sort de l'ombre...

Saviez-vous que, jusqu'en 1982, en France, être homosexuel était un délit ? Vent de changement dans les mœurs avec l'arrivée au pouvoir de Mitterrand et de son illustre ministre de la Justice... Dans la foulée de l'abrogation de la peine de mort, Robert Badinter propose à l'Assemblée une loi mettant fin aux discriminations touchant les homosexuels dans le Code pénal. L'homosexualité sera ensuite retirée de la liste des maladies mentales de l'Organisation mondiale de la santé, en 1991.

Néanmoins, les mœurs et l'opinion publique sont encore partagées sur le sujet, comme en témoignent les manifestations contre le mariage gay en 2013... L'homophobie est latente, les non-dits sont nauséabonds. Souvenez-vous de l'histoire de notre petite Amélie Mauresmo, jeune fille de dix-neuf ans qui se hisse en finale de l'Open d'Australie 1999 et qui doit porter sur son dos les quolibets homophobes de Martina Hingis et de Lindsay Davenport...

Amélie, au moins, avait eu le courage de révéler sa préférence sexuelle au début de sa carrière... D'autres, dans les sports collectifs, n'en prendront jamais le risque. Saviez-vous que, dans les centres de formation du foot français, un joueur sur deux déclare « avoir peur de se doucher » avec un coéquipier homosexuel (sondage du Paris Foot Gay en 2013) ?

Contrairement aux propos racistes, les propos homophobes sont peu condamnés dans le milieu sportif, ce qui n'incite pas les joueurs et les joueuses à afficher leur sexualité. Gareth Thomas, l'arrière gallois aux 100 sélections et aux quarante essais, vainqueur du Grand Chelem en 2005, a pris ce risque en 2009, devenant le premier rugbyman international de l'ère professionnelle à assumer publiquement son homosexualité.

Supporter le regard des autres, les non-dits... Persuadé qu'il n'aurait jamais été accepté en tant que gay et qu'il n'aurait pas fait une telle carrière, depuis l'âge de dix-sept ans, Gareth Thomas était passé maître dans l'art du subterfuge. Il avait tout fait pour se construire une vie « normale » et s'était même marié à Jemma...

Coup de sang

12 avril 2009, Twickenham : Tom Williams est pris la main dans le sac…

Lorsqu'un magicien dévoile son truc, on se dit toujours que les ficelles sont grosses… Lorsqu'un sportif de haut niveau se trouve pris la main dans le sac, c'est souvent avec beaucoup de mauvaise foi ou en usant de la langue de bois qu'il essaie de s'innocenter. Tout sauf briser l'omerta, tout sauf révéler les petites magouilles… Vrai pour Virenque lors de l'affaire Festina, vrai pour Pollentier et sa poire d'urine pendant le Tour de France.

Au menu des petites combines dans le rugby européen, la gestion des remplacements. La loi du jeu autorise un remplacement provisoire en cas de saignement, et c'est cette règle que les Harlequins vont détourner à leur avantage. Le 12 avril 2009, nous sommes dans les dernières minutes du quart de finale de la H Cup entre Leinster et les Harlequins. Le score est serré. *Money time*. Nick Evans, le talentueux demi d'ouverture néo-zélandais des Harlequins, n'est plus sur le terrain. Dean Richards, le manager, a soudain une idée : provoquer un faux saignement chez un de ses joueurs en jeu pour renvoyer Evans sur la pelouse.

L'acteur de la supercherie sera Tom Williams. Il fait éclater dans sa bouche une capsule de faux sang et attire l'attention de l'arbitre, qui l'accompagne jusqu'à la ligne de touche. Pour assurer le coup, le docteur Wendy Chapman entaillera d'un coup de scalpel la lèvre du joueur dans le vestiaire. Le stratagème semble avoir marché : Evans est de nouveau en jeu, et tout le monde semble n'y avoir vu que du feu.

La Fédération anglaise et l'organisateur de la compétition mènent l'enquête et prouvent que le saignement a été simulé : c'est le *Bloodgate!* En première instance, Tom Williams est suspendu pour un an (sanction ramenée à quatre mois après appel), le kiné Steph Brennan écopant de deux ans et Dean Richards de trois ans ! Charles Jillings, le président des Harlequins, présente sa démission. Chapman, le médecin, est pour un temps suspendue par le Conseil de l'ordre. Enfin, le club devra s'acquitter d'une amende de 206 000 livres. Chère, la capsule de farces et attrapes !

2009
Mathieu Bastareaud

Ivresse, maladresse et crise diplomatique

Retour en France : Mathieu Bastareaud, marqué et confus…

C'est l'histoire du petit mensonge d'un gros bébé de vingt ans, une maladresse aux conséquences diplomatiques spectaculaires. Été 2009, tournée du XV de France en Nouvelle-Zélande et en Australie. Mathieu Bastareaud, « en pleine bourre » avec le Stade Français, est appelé par Marc Lièvremont. Il est titulaire à Dunedin lors du premier match, où les Bleus battent les Blacks 27-22. Le 20 juin, pour la deuxième rencontre, à Wellington, Bastareaud est remplaçant et n'entrera pas en jeu. La France s'incline de peu, 14-10, malgré un très gros match.

Pour leur dernière nuit à Wellington, les Bleus s'accordent une sacro-sainte « troisième mi-temps ». Le staff donne des consignes de modération. Comment s'amuser juste assez mais pas trop ? Sur le fil du rasoir… Dans la nuit, Bastareaud se présente au staff médical. Il a le visage tuméfié. Le 21 juin, le XV de France déclare dans un communiqué que le joueur se serait fait agresser par trois ou quatre individus à la sortie du taxi devant l'hôtel des Bleus. John Key, le Premier ministre néo-zélandais, présente immédiatement des excuses publiques.

Seulement, l'enquête de la police à partir des images de vidéosurveillance établit que Louis Picamoles, Fulgence Ouedraogo et Mathieu Bastareaud sont rentrés à l'hôtel à 5 heures du matin en compagnie de deux jeunes filles. L'histoire est un peu grosse, et Bastareaud s'enferme dans son mensonge…

Jeudi 25 juin : par le biais du Stade Français, Mathieu publie un communiqué. Une nouvelle version plus crédible, et qui restera comme la « version officielle » : déséquilibré par l'ivresse, en voulant retirer son pantalon, il serait tombé face contre sa table de nuit. Mais le mal est fait, le petit mensonge devient une affaire d'État. Le 30 juin, François Fillon, le Premier ministre, se voit obligé de s'excuser à son tour, pendant que Bastareaud est admis en hôpital psychiatrique.

Outre une suspension sportive mue en travaux d'intérêt général, Bastareaud ne sera pas retenu pour la Coupe du monde 2011 en Nouvelle-Zélande et ne portera plus le maillot bleu avant 2013. Petit mensonge, grosses conséquences, un beau gâchis…

Cher, le coup de fourchette !

Sur la foi de cette photo, David Attoub sera sanctionné pour l'exemple.

Nul doute que, pour devenir des armoires à glace, les rugbymen dévalisent le rayon protéines des supermarchés ! Mais les règles du jeu sont strictes avec l'appétit de ces ogres : OK pour un bon coup de fourchette, mais pas sur le terrain ! David Attoub et Julien Dupuy (le pilier et le demi de mêlée du Stade Français en 2009) l'ont appris à leurs dépens…

En rugby, les Français ont depuis toujours eu mauvaise presse auprès des Anglo-Saxons en raison de leur brutalité. Et, si ces derniers apprécient notre gastronomie, ils goûtent peu nos coups de fourchette ! Le 12 décembre 2009, les maillots roses à fleurs du Stade Français se déplacent sur la pelouse de Ravenhill, à Belfast. Pas pour jouer à la dînette, mais pour affronter l'Ulster de Stephen Ferris.

Ferris est troisième ligne, et c'est le troisième protagoniste de l'histoire. Peu avare en provocations, il pousse Dupuy à la faute. Le Français est sanctionné d'un carton jaune. Après le match, sa faute est étudiée par la commission de discipline de l'ERC. Le joueur est condamné à vingt-quatre semaines de suspension (ramenées à vingt-trois semaines), déclaré coupable d'un « acte d'antijeu pour être entré en contact dans la zone des yeux ». Le verdict officiel tombe le 18 décembre 2009, la veille du vingt-sixième anniversaire de Dupuy : beau cadeau, et arrêt-buffet pour sa carrière !

Fourchette en argent pour Dupuy, fourchette en or pour Attoub ! Auteur lui aussi d'un geste dangereux durant la même rencontre, le pilier du Stade Français est condamné le lundi 18 janvier 2010. Le couperet tombe comme une guillotine ! Une mascarade de justice pour de nombreux observateurs… Attoub se défend maladroitement. Plutôt que de reconnaître sa faute, le joueur dénonce une photo équivoque.

Mais son casier ne plaide pas en sa faveur : il avait déjà été suspendu à trois reprises. En première instance, le juge Jeff Blackett veut faire d'Attoub un exemple et stigmatiser la brutalité sur les terrains. Le pilier est condamné à soixante-dix semaines de suspension ! Une sanction qui sera réduite à cinquante-deux semaines par le bureau fédéral de la FFR sur proposition du CNOSF.

Mon fils, ma bataille

2011
Lucien Harinordoquy

29 novembre 2011, Biarritz : Lucien Harinordoquy, le père d'Imanol, descend sur le terrain.

« Je vais tout casser si vous touchez au fruit de mes entrailles. » Lucien Harinordoquy aurait pu emprunter à Daniel Balavoine les mots de l'une de ses plus belles chansons pour nous raconter cette anecdote familiale… Nous sommes le 29 novembre 2011, sixième minute du centième derby basque entre l'Aviron Bayonnais et le Biarritz Olympique. Une touche en faveur de l'Aviron occasionne un regroupement dont le demi de mêlée réussit à s'échapper (l'action finira par un essai de Bayonne). L'arbitre, détournant son regard du jeu, s'aperçoit qu'une une bagarre est en cours entre le numéro 7 bayonnais, Jean Jo Marmouyet, et le numéro 8 biarrot, l'international Imanol Harinordoquy.

Les empoignades sont légion dans le rugby, sport viril par excellence. La limite entre un geste musclé et un geste dangereux est infime. Les joueurs ne patientent pas pour se faire justice…

Au moment de cette touche en faveur de l'Aviron, la lutte pour la possession de balle est acharnée. Le regroupement occasionne de grosses frictions. Alors que le maul se délite et que Bayonne avance en portant le ballon, trois joueurs restent liés, empoignés. Harinordoquy le Biarrot s'accroche avec deux Bayonnais. L'un lui fait un croc-en-jambe et l'autre se jette sur lui. Une scène qui ressemble à du *free fight*.

Dans les tribunes, Lucien, le père d'Imanol, voit rouge. En proie à des problèmes personnels, fatigué, stressé, il a peur pour son fils (une armoire à glace de 1,92 m et de 110 kilos). Alors, « Lulu » saute la main courante, marque un arrêt sur la ligne de touche – il hésite –, puis va à la castagne, quitte « à prendre une gaufre et dormir deux jours ». Il est mis au sol par le Bayonnais Benjamin Boyet.

Se rendant compte qu'il s'agit de son père, Imanol crie : « Arrêtez ! » L'intrus est reconduit hors de l'enceinte par les stadiers, et l'arbitre, indulgent, rappelle ses consignes de discipline. Biarritz remportera la rencontre (21-19) ; Bayonne, après l'avoir pendant un temps envisagé, ne portera finalement pas plainte contre « Lulu ». Et, pour apaiser toute tension, Imanol assumera par un communiqué plein de maturité l'acte d'un père aimant.

Dopage : un pavé dans la mare

Laurent Bénézech, 15 sélections en équipe de France (1994-1995).

Accusé, levez-vous ! Détendez-vous, vous êtes relaxé ! Heureusement... Car le prévenu n'avait rien à se reprocher, si ce n'est briser l'omerta pour prévenir. Oui, prévenir plutôt que guérir.

Tout commence lorsque, le mercredi 27 mars 2013, Françoise Lasne, directrice du laboratoire de Châtenay-Malabry, déclare devant la commission d'enquête du Sénat sur la lutte antidopage que le rugby est le sport qui présentait en 2012 le plus fort taux de cas positifs par rapport au nombre de contrôles réalisés.

Les médias cherchent des experts pour réagir à ce séisme. Et Laurent Bénézech sort du bois... L'ex-international, désormais consultant, va faire des révélations explosives, d'abord au *Monde* et à *Midi Olympique*, puis à son tour devant le Sénat.

Selon Bénézech, « le rugby est dans la situation du cyclisme avant l'affaire Festina », une « lente épidémie que ce sport voit lentement se généraliser »... L'évolution des mâchoires et la prise de masse musculaire faramineuse seraient à mettre sur le compte d'un recours aux hormones de croissance exogènes. L'allongement du temps de jeu, la fréquence des compétitions... Mêmes alibis que pour le cyclisme, même fuite en avant, avec un accompagnement médicalisé de la performance.

Bénézech témoigne une heure durant. Il raconte sa conviction d'avoir été dopé à son insu par le staff du XV de France durant la Coupe du monde 1995. Comme Antoine Vayer dans le vélo, il pointe du doigt des performances étonnantes et révèle des pratiques douteuses pour étayer son argumentaire. Les motivations de ce déballage ? Bénézech se voit comme un « lanceur d'alerte », il ne pense qu'à la santé des jeunes. Rien de plus.

Guy Béart chante « le premier qui dit la vérité, il doit être exécuté »... Les paroles de Bénézech dérangent, la corporation s'est sentie attaquée, ce qui a rapidement provoqué une levée de boucliers. D'abord se protéger, tenter de décrédibiliser, puis attaquer en justice pour diffamation !

Épilogue, le 26 septembre 2014. Pendant que Bénézech sort un livre explosif, le TGI rend son avis : la plainte de Provale, associé à cent trente-quatre joueurs, est non recevable...

2014
Joost van der Westhuizen

Joost van der Westhuizen : avant, après…

Épidémie de maladies rares

En 1995, aux portes de l'ère professionnelle, ils n'auraient pas eu conscience de ce qu'ils faisaient ? Fabien Galthié, au micro de *Stade 2,* témoigne de ce qu'il a vécu lors de son passage en Afrique du Sud avec Western Province. Des rituels d'avant-match, une piqûre de « vitamines » dans les fesses (la prise de vitamine B12 accompagne souvent une cure d'EPO). En 1997, Galthié se souvient aussi de la défaite écrasante (52-10) contre une équipe d'asthmatiques : quatorze joueurs disposaient d'une autorisation à usage thérapeutique, ils étaient tous sous Ventoline. Entendez, plutôt, sous cortisone.

Souvenez-vous, 1995, c'est la Coupe du monde aux antipodes… Nelson Mandela, maillot vert sur les épaules, remet la coupe Webb-Ellis, le trophée de la victoire, à Francois Pienaar… Le rugby comme l'instrument de la réconciliation de la nation, la *Rainbow Nation*… Le succès à tout prix, au prix d'une curieuse gastro-entérite collective pour les Blacks avant la finale. Et au prix de la santé, voire de la vie, pour certains Springboks !

Épidémie de maladies rares… Ruben Kruger est décédé en 2010 d'un cancer du cerveau. Les jambes d'André Venter (un colosse de troisième ligne) ne le portent plus. Et, surtout, Joost van der Westhuizen, le demi de mêlée emblématique des Springboks, souffre d'un mal incurable qui attaque le système nerveux (la sclérose latérale amyotrophique).

Il ne peut plus marcher, respire et parle avec une extrême difficulté. Pourtant, au micro de Nicolas Geay, il se dit heureux. Le journaliste a face à lui un quadragénaire grabataire. Ses beaux yeux n'ont pas changé, mais le reste est foutu… « Je ne peux plus jouer avec mes enfants », raconte Joost. Visiblement, un sacrifice sur l'autel de la réunification nationale…

Dopage, pesticides sur la pelouse, overdose d'impacts… Les scientifiques n'ont pas encore de certitudes, mais les faits sont là : des sportifs de haut niveau meurent jeunes. Soixante-dix décès dans le Calcio depuis trente-cinq ans !

2014
Florian Cazenave

La quête du borgne

5 octobre 2014, Turin : Florian Cazenave renoue avec le rugby.

C'est l'histoire d'un brillant demi de mêlée à qui tout est promis… L'histoire, aussi, d'un mauvais concours de circonstances qui brisera son ascension vers les cimes du rugby international… Le 13 juillet 2013, Florian Cazenave est à la féria de Céret. Soirée animée, arrosée. L'un des amis du joueur est en train d'extraire une chaise d'un empilement et pivote lorsque Florian s'approche. Maladresse entre copains, Florian reçoit le pied de la chaise dans l'œil gauche… Les conséquences sont désastreuses : « C'est comme si on avait lancé un œuf contre un mur, tout a explosé à l'intérieur. »

Champion du monde avec l'équipe de France des moins de dix-neuf ans en 2008, vainqueur du Championnat de France avec Perpignan, Cazenave a grimpé les échelons jusqu'à l'équipe de France A en 2010. Il était parti pour une belle carrière jusqu'à ce que tout s'effondre… La seule question qu'il se pose : « Vais-je rejouer un jour ? »

Le Français s'associe à un préparateur physique spécialisé, Philippe Arnau, qui va développer ses capacités de perception avec le NeuroTracker. On se croirait dans un film de super-héros ! Seulement, le handicap n'est pas l'obstacle le plus insurmontable… Même s'il est déclaré apte à jouer par la médecine du travail, Florian se voit stoppé net par la Fédération : le règlement fédéral français interdit de ne jouer qu'avec un seul organe pair.

Cazenave n'en démord pas : il rejouera. Rejouer pour revivre… Et c'est à Jacques Brunel, sélectionneur du XV italien, qu'il doit une fière chandelle, pour l'avoir aidé à retrouver une équipe, celle de Reggio. L'Italie fait partie des pays qui ont accepté de tester le port de lunettes de protection recommandées par la Fédération internationale.

Octobre 2014 : quatorze mois après son accident, et avec l'espoir de rejouer un jour en France, Florian vit son premier match de compétition contre Turin. Totalement perdu à l'approche de la rencontre, il joue sa partition avec talent. À la fin du match, il tombe en larmes dans les bras de son père, son premier entraîneur… Selon un proverbe bantou : « Le borgne n'a qu'un œil, mais il pleure quand même. »

Index

Les numéros de pages en romain renvoient aux noms cités dans le texte courant ; ceux qui sont en italique renvoient aux occurrences dans les légendes.

Remerciements

Nous tenions spécialement à remercier quelques personnalités
qui nous ont aidés par leurs témoignages dans l'écriture de cet ouvrage :
Pierre Albaladejo, Abdelatif Benazzi, Mourad Boudjellal, Denis Charvet, Christophe Dominici, Jean Gachassin, Max Guazzini, Jean-Marc L'Hénoret, Philippe Sella.

Ainsi que les boutiques **Sports d'époque** pour leurs jolis maillots.

Et nous avons une pensée toute particulière pour nos amours
Julie et Muriel, qui ont activement participé à ce projet.

Crédits photographiques

© **Presse Sports :** p. 4, 8-9 (Fèvre), 11, 12, 13, 14, 15, 17, 18 (Bush/Offside), 20 (Leech/Offside), 22 (Stickland/Inpho), 23 (Landrain), 24 (Lecoq), 25 (Landrain), 26 (Legros), 28 (Clément), 30 (Clément), 33 (Leech/Sports Photography), 36 (Luttiau), 38 (Bardens/Offside), 40 (Papon), 46-47, 49 (Perrocheau), 50 (Prévost), 53 (Perrocheau), 61 (Prévost), 62, 63, 64, 65, 66, 68, 69 (Legros), 70 (Clément), 71 (Legros), 72 (Legros), 73 (Landrain), 74 (Boutroux), 83 (Papon), 84 (Papon, x 2), 87 (Golesi), 88, 95, 97, 98, 99, 109 (Leech/Offside), 114 (Prévost), 116 (Lahalle), 117 (Francotte), 118 (Pauce), 123 (Lignier), 124 (Crow/Sport the Library, photo de gauche).

© **Getty Images :** p. 21 (Thomas), 29 (Hamman/Beeld), 48 (Thomas/Popperfoto), 49 (Thomas/Popperfoto, grande photo), 54 (Popperfoto), 60 (Popperfoto), 67 (Smith/Popperfoto), 96 (Rolls Press/Popperfoto, photo de gauche), 96 (LatinContent, photo de droite), 100 (Duffy), 102 (Thomas), 106 (Brett/Popperfoto), 107 (Thomas), 108 (Thomas), 110 (Thomas).

© **AFP Photo :** p. 10, 43 (Walter/Getty Images), 78 (Bouys), 80 (Martinez), 90-91 (Au-Yeung/Getty Images), 94, 112, 119 (Rogers/Getty Images).

© **Icon Sport :** p. 19 (Photosport), 31 (Sportsfile), 34 (Aubert, grande photo), 35 (Sbi), 44 (Anrigo), 45 (Meunier), 52 (Cailhol), 81 (Winter), 85 (Winter), 86 (Winter), 101 (Thomas, grande photo), 115 (Gadd/Sports), 121 (Sportsfile), 124 (de Villiers, photo de droite).

© **DPPI Media :** p. 32 (Faugère), 34 (Hervio, petite photo), 37 (Hervio), 39 (Millereau), 41 (Baker/Pro Sport Photos), 42 (Hervio), 56 (Thomas), 59 (Faugère), 76 (Faugère), 89 (Laurenson).

© **Corbis :** p. 16, 75 (Ressmeyer), 104 (Ruszniewski).

© **MAXPPP :** p. 77 (Sollier/PHOTOPQR/*La Provence*), 82 (Debbiche/PHOTOPQR/*La Dépêche du Midi*), 111 (Lacroix/BEP/*Sud-Ouest*, grande photo), 120 (de Martignac/PHOTOPQR/*Le Parisien*).

© **Gamma-Rapho-Keystone :** p. 79 (Othoniel/*JDD*, grande photo).

© **Rue des Archives :** p. 51 (Tallandier).

© **Roger-Viollet :** p. 58 (LAPI).

© **Reuters :** p. 27.

© **Sipa :** p. 105 (Boccon-Gibod).

© **D.R. :** p. 6, 55, 57, 79 (petite photo), 92, 93, 101 (petite photo), 103, 111 (petite photo), 113, 122, 125.

Couverture : © Presse Sports (haut), © DPPI Media/Hervio (bas).
Haut : Lilian Camberabero, pays de Galles-France, 1966 ; bas : Tony Marsh, Jean-Baptiste Poux, Yannick Bru, Dimitri Yachvili, Patrick Tabacco, Sébastien Chabal, Damien Traille (de gauche à droite), France – Nouvelle-Zélande, match pour la troisième place de la Coupe du monde 2003.
Quatrième de couverture : © Presse Sports (Clément, Boué, Luttiau, de gauche à droite) ; photo des auteurs : D.R.
De gauche à droite : Jonah Lomu (Coupe du monde 1995), Jonny Wilkinson avec le Bouclier de Brennus en 2014, Sébastien Chabal (Coupe du monde 2007).

Tous les efforts ont été faits afin de déterminer les détenteurs des droits de reproduction des documents d'époque, et l'éditeur s'excuse par avance de toute erreur ou omission non intentionnelle, qui sera corrigée dans les futures éditions de cet ouvrage.

Ouvrage conçu et réalisé par Copyright 2.0
Création graphique et mise en pages : Stéphanie Boulay, Sylvain Kaslin et Zarko Telebak
Réalisation photogravure : Cédric Delsart
Fabrication : Stéphanie Parlange et Cédric Delsart

ISBN : 978-2-324-01095-8
Dépôt légal : mai 2015
Éditions Gründ, 12, avenue d'Italie, 75013 Paris
www.grund.fr